collection dialogues

2de

BAC PRO

W0315426

Cahier
de cours et d'activités

Réforme de la voie professionnelle

NOUVEAU PROGRAMME

Histoire Géographie-EMC

Direction de collection

José Gomès

Isabelle Infante

Auteurs

Dominique Colonna

José Gomès

Isabelle Infante

Graziella Marin

Thomas Reyser

Nathan TECHNIQUE

Avec ce livre, une licence i-Manuel 2.0

Le i-Manuel 2.0, un outil simple d'utilisation qui reprend l'ensemble des contenus de ce livre sous forme numérique et interactive.

Il permet d'accéder au contenu de ce manuel à tout moment et en tout lieu sur un ordinateur ou une tablette. L'utilisateur peut donc passer du papier au numérique et choisir le support qui lui convient le mieux selon le travail à faire et le lieu où il se trouve.

Une véritable interactivité entre l'enseignant et sa classe

- Piloter la classe : assurer le suivi du travail des élèves à distance et en cours (recevoir et envoyer du travail, faire des commentaires, intervenir en temps réel)
- Intégrer et envoyer à la classe, à un ou plusieurs élèves, des documents personnels
- Afficher les corrigés ou la correction individuelle du travail de l'élève
- Vidéoprojeter en classe les activités, les documents et les corrections pour animer les cours et travailler collectivement
- Télécharger la version papier pour une utilisation sans connexion
- Imprimer des documents pour mettre les élèves en situation d'examen

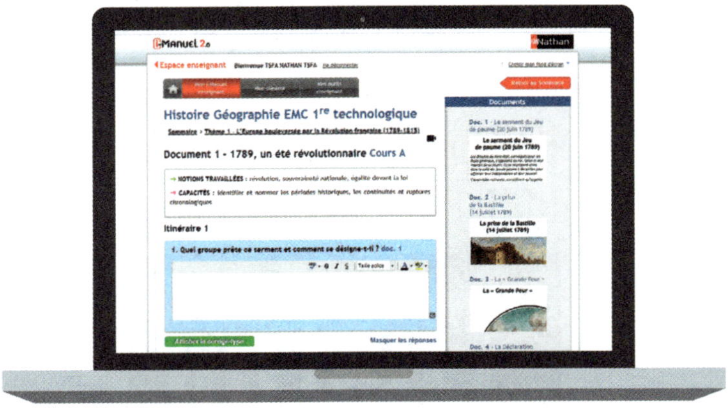

Des fonctionnalités innovantes pour favoriser l'intérêt, la motivation et l'implication des élèves

- Saisir les réponses en travaillant sur ordinateur ou tablette
- Faire les activités et les exercices, préparer ou réviser le cours en classe ou à la maison
- Accéder directement aux ressources numériques, vidéos, logiciels professionnels, fichiers élèves...
- Sauvegarder le travail effectué dans un dossier (classeur)
- Envoyer le travail à son professeur
- S'enregistrer, s'auto-évaluer et se former aux outils numériques

Toutes les infos et les tutos sur www.nathan.fr/i-manuel2

Des ressources numériques en accès direct

Flashez les QR Codes avec votre smartphone ou saisissez les mini-liens associés pour accéder à des vidéos, animations, QCM...

Avant-propos

Un nouveau programme, une nouvelle démarche, un nouveau cahier

La réforme du lycée professionnel et la mise en œuvre d'un nouveau programme en Histoire-Géographie-EMC sont à l'origine de ce nouveau **cahier de cours et d'activités**.

Nous avons souhaité qu'il soit en adéquation avec les défis de notre temps et avec les nouvelles pratiques de classe, tout en assurant une continuité avec certaines habitudes de travail prises au collège. Il prépare aussi à la poursuite d'étude et à l'insertion dans la vie professionnelle.

Dans ce nouveau cahier, **quatre axes forts ont été privilégiés**.

— **1. Une démarche de classe inversée :** le **cours** se trouve toujours **en début de chapitre** pour permettre à l'élève de s'approprier par une lecture active, seul(e) ou en classe, les grandes idées nécessaires à la compréhension du thème étudié. Nous souhaitons ainsi mettre l'élève en confiance avant d'aborder la mise en activité à proprement parlée. Cependant, l'enseignant(e) peut décider d'utiliser le cours plus classiquement, comme un bilan, une fois qu'ont été réalisées les activités.

— **2. Une mise en activité permanente de l'élève :** toujours actif, l'élève réfléchit aux grandes notions et repères du programme. Il est ainsi au cœur des apprentissages qu'il met en œuvre en travaillant les capacités et les compétences du programme clairement identifiées. Dans les pages **méthode**, un point méthodologique est présenté et expliqué, suivi d'un exercice d'application.

— **3. La construction d'une culture artistique** grâce à la découverte d'œuvres en lien avec les thèmes du programme.

— **4. Un travail en équipe** pour mettre en œuvre des tâches plus complexes autour de projets qui nécessitent la coopération.

Il nous a enfin paru important d'intégrer des ressources numériques et des outils pour **dynamiser les apprentissages et renforcer l'autonomie** :

▶ des doubles pages sur les **repères historiques et géographiques** des thèmes pour mieux les comprendre et les retenir ;

▶ des **bilans**, sous forme de cartes mentales, afin de retenir autrement les connaissances acquises ;

▶ des **podcasts** des cours pour stimuler la mémoire auditive des élèves ;

▶ des **portfolios** pour contextualiser les repères de chaque thème du programme et aider les élèves à mieux les comprendre et les retenir ;

▶ des **capsules audio** pour approfondir, seul(e) ou en classe, une connaissance ou s'exercer à la compréhension orale d'un document ;

▶ l'utilisation des **NTIC** pour approfondir certaines compétences : s'enregistrer, rechercher sur Internet, réaliser des diaporamas.

SOMMAIRE

CIRCULATION, COLONISATIONS ET RÉVOLUTIONS (XVe - XVIIIe siècles)

Thème 1 L'EXPANSION DU MONDE CONNU (XVe - XVIIIe siècles)

Thème 2

L'AMÉRIQUE ET L'EUROPE EN RÉVOLUTION (des années 1760 à 1804)

Thème 3

MÉTIERS, COMPAGNONS, COMPAGNONNAGE ET CHEF D'ŒUVRE (XIXe siècle)

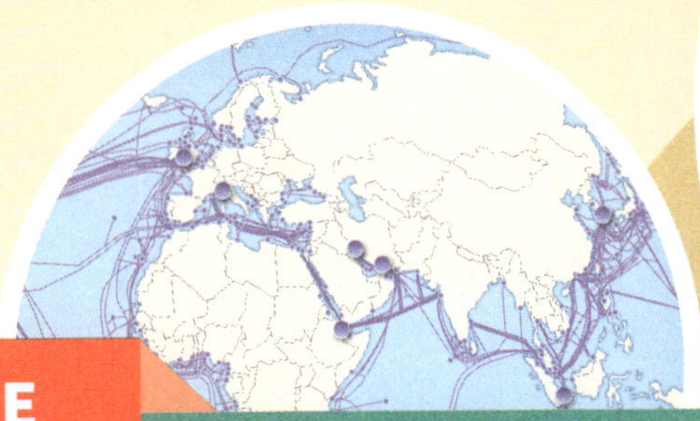

SOMMAIRE

PRODUCTION MONDIALE ET CIRCULATION DES PERSONNES, DES BIENS ET DES INFORMATIONS

Thème 1 — DES RÉSEAUX DE PRODUCTION ET D'ÉCHANGES MONDIALISÉS

Thème 2

UNE CIRCULATION CROISSANTE ET DIVERSE DES PERSONNES À L'ÉCHELLE MONDIALE

Thème EMC

ENSEIGNEMENT MORAL ET CIVIQUE

SOMMAIRE

LES COMPÉTENCES ET CAPACITÉS DU PROGRAMME

HISTOIRE

Maîtriser et utiliser des repères chronologiques et spatiaux

S'approprier les démarches historiques

GÉOGRAPHIE

Maîtriser et utiliser des repères chronologiques et spatiaux

S'approprier les démarches géographiques

S'INFORMER DANS LE MONDE DU NUMÉRIQUE

MENER ET CONSTRUIRE UNE DÉMARCHE GÉOGRAPHIQUE

LES RESSOURCES DE VOTRE *CAHIER DE COURS ET D'ACTIVITÉS*

SOMMAIRE

VIDÉOS ET PORTFOLIOS

LES AUDIOS

HISTOIRE

GÉOGRAPHIE

EMC

Carnet de bord

Pour chaque thèmes, cochez les capacités que vous maîtrisez et celles que vous devez encore approfondir.

Thème 1 L'EXPANSION DU MONDE CONNU (XVe - XVIIIe siècles)

CE QUE JE DOIS CONNAÎTRE

- Comparer à l'aide de cartes/planisphères les territoires colonisés .... ☐ *Je maîtrise* | ☐ *Je dois approfondir*
- Questionner une œuvre d'art pour conduire une analyse historique .... ☐ *Je maîtrise* | ☐ *Je dois approfondir*
- Décrire le circuit d'un ou de plusieurs produits .... ☐ *Je maîtrise* | ☐ *Je dois approfondir*
- Réaliser/compléter un schéma rendant compte d'une situation historique .... ☐ *Je maîtrise* | ☐ *Je dois approfondir*

Thème 2 L'AMÉRIQUE ET L'EUROPE EN RÉVOLUTION (des années 1760 à 1804)

CE QUE JE DOIS CONNAÎTRE

- Compléter/réaliser une frise chronologique des révolutions dans l'espace atlantique .... ☐ *Je maîtrise* | ☐ *Je dois approfondir*
- Situer un acteur dans son contexte en précisant son rôle .... ☐ *Je maîtrise* | ☐ *Je dois approfondir*
- Raconter l'une des trois révolutions de la période .... ☐ *Je maîtrise* | ☐ *Je dois approfondir*
- Dégager le sens/intérêt d'un des textes patrimoniaux de la période .... ☐ *Je maîtrise* | ☐ *Je dois approfondir*

Thème 3 MÉTIERS, COMPAGNONS, COMPAGNONNAGE ET CHEF D'ŒUVRE (XIXe siècle)

CE QUE JE DOIS CONNAÎTRE

- Décrire le Tour de France d'un compagnon
ou Raconter la réception d'un compagnon dans une société compagnonnique .... ☐ *Je maîtrise* | ☐ *Je dois approfondir*

Thème 1 DES RÉSEAUX DE PRODUCTION ET D'ÉCHANGES MONDIALISÉS

CE QUE JE DOIS CONNAÎTRE

- Identifier l'échelle appropriée pour étudier les principaux flux .... ☐ *Je maîtrise* | ☐ *Je dois approfondir*
- Décrire le circuit d'un bien à l'échelle mondiale .... ☐ *Je maîtrise* | ☐ *Je dois approfondir*
- Compléter le croquis d'un espace portuaire ou aéroportuaire .... ☐ *Je maîtrise* | ☐ *Je dois approfondir*
- Analyser à l'oral/écrit les informations essentielles d'un document .... ☐ *Je maîtrise* | ☐ *Je dois approfondir*
- Connaître et comprendre les objectifs du développement durable .... ☐ *Je maîtrise* | ☐ *Je dois approfondir*

Thème 2 UNE CIRCULATION CROISSANTE ET DIVERSE DES PERSONNES À L'ÉCHELLE MONDIALE

CE QUE JE DOIS CONNAÎTRE

- Situer/distinguer les principaux flux migratoires .... ☐ *Je maîtrise* | ☐ *Je dois approfondir*
- Situer/nommer les principaux bassins touristiques .... ☐ *Je maîtrise* | ☐ *Je dois approfondir*
- Compléter/réaliser le croquis d'un aménagement touristique .... ☐ *Je maîtrise* | ☐ *Je dois approfondir*
- Décrire une forme de mobilité internationale (dont l'élève a une expérience) .... ☐ *Je maîtrise* | ☐ *Je dois approfondir*
- Comprendre le lien entre transport et changement climatique .... ☐ *Je maîtrise* | ☐ *Je dois approfondir*

Thème 1

L'EXPANSION DU MONDE CONNU (XVe - XVIIIe siècles)

Entre le xve et le xviiie siècles, le monde connu jusqu'alors par les Européens s'élargit. De **nouvelles routes maritimes** sont explorées. Elles leur permettent de découvrir et de **coloniser** de nouveaux territoires où ils vont s'installer et exploiter les matières premières. Ces matières sont ensuite vendues dans le monde entier. Cette expansion du monde facilite aussi des **échanges culturels et humains** qui transforment considérablement certains espaces sur tous les continents.

→ **Comment, à partir du xve siècle, l'expansion du monde met-elle en relation des territoires avec des sociétés humaines et les transforment-elles ?**

D'hier...

DOC. 1

Le port de Séville (Espagne) au xvie siècle
Alonso Sánchez Coello, *Vue de la ville de Séville*, huile sur toile, 146 x 295 cm, fin xvie siècle.
Musée du Prado, Madrid.

?

1. Identifiez le document 1 (nature, auteur, date, idée générale).
2. Quels points communs et différences identifiez-vous entre les documents 1 et 2 ?

Capacités travaillées

- Réaliser et compléter un schéma, **p. 18**
- Identifier des évolutions à partir de cartes, **p. 20**
- Décrire la circulation d'un produit, **p. 22**
- Identifier une notion, **p. 26**
- Questionner une œuvre d'art pour construire l'analyse historique d'un événement, **p. 28**
- Comparer à l'aide de cartes la situation de l'empire colonial entre le XVIe et le XVIIIe siècles, **p. 30**
- Compléter un schéma qui rend compte d'une situation historique, **p. 30**
- Mettre en relation des documents pour comprendre une situation historique, **p. 32**
- Décrire le circuit de la traite atlantique entre le XVIIe et le XVIIIe siècles, **p. 34**
- Situer un acteur dans son contexte et préciser son rôle dans la période considérée, **p. 36**
- Questionner une œuvre d'art pour construire une analyse historique, **p. 38**
- Mettre en relation des documents et confronter des points de vue : la controverse de Valladolid, **p. 40**

Les ressources du thème

- La vidéo du thème, **p. 12**
- Le portfolio des repères, **p. 14**
- Les audios des cours, **p. 16** et **24**
- Les raisons du voyage de Christophe Colomb, **p. 20**
- L'importance de la noix de muscade, **p. 23**
- La société coloniale espagnole, **p. 27**
- Le passé de La Rochelle, **p. 35**
- L'histoire du chocolat, **p. 39**

Regardez la vidéo du thème.
liennathan.fr/1lri08

...à aujourd'hui

DOC. 2

Le port de Shanghai (Chine) au XXIe siècle
Zone industrialo-portuaire (ZIP) de Shanghai avec en arrière-plan le quartier des affaires de Pudong.

Ça me concerne

3 **Pourquoi, selon vous, ces deux documents ont-ils été choisis pour illustrer ce thème ?**

4 **Que pensez-vous savoir sur ce thème avant de l'étudier ?**

SE REPÉRER DANS LE TEMPS…

1492
Christophe Colomb découvre l'Amérique

1494
Traité de Tordesillas

1535
Jacques Cartier remonte l'embouchure du Saint-Laurent

1519
Début de la circumnavigation de Magellan

1550-1551
Controverse de Valladolid

1602
Fondation de la Compagnie hollandaise des Indes orientales

Regardez le portfolio des repères du thème pour en savoir plus et mieux les retenir. liennathan.fr/z96qu5

1670 - fin du XVIIIe siècle
Développement de la traite atlantique

XVIIe XVIIIe siècles
Développement de la façade atlantique de la France

1685
Publication du *Code Noir*

1620
Arrivée du *Mayflower* au Cap Cod

1756-1763
Guerre de Sept Ans

COURS 1

UN ÉLARGISSEMENT DU MONDE
XVe - début XVIIe siècles

MÉMORISEZ

Écouter votre cours plusieurs fois vous permettra de mieux le retenir.

L'audio du cours.
liennathan.fr/718kmc

Au XVe siècle : des échanges encore limités

Au XVe siècle, le monde connu des Européens est encore très réduit. Les contours de l'Afrique sont mal définis et l'Asie reste un continent mystérieux. L'Amérique et l'Océanie sont encore inconnues.

Les liens commerciaux, mais aussi culturels, se font par des marchands chinois, indiens et arabes. Ils transportent les marchandises depuis l'Asie jusqu'aux portes de l'Europe, à **Constantinople**, capitale de l'**Empire byzantin**. Le relais est ensuite pris par les marchands des ports de **Venise** ou de **Gênes**, villes très puissantes, grâce à leur flotte.

En **1453**, Constantinople est conquise par les Turcs. Les Européens se mettent alors à la recherche de nouvelles routes. Ils cherchent à accéder aux marchés asiatiques par un chemin plus direct.

→ J'EXPÉRIMENTE 1 - P. 18

De nouvelles routes maritimes pour un monde plus vaste

Les souverains portugais et espagnols souhaitent étendre leur puissance et diffuser le christianisme hors d'Europe. Par ailleurs, la soif d'aventure de certains hommes et la volonté de valider certaines thèses scientifiques (par exemple, que la terre est ronde) donnent lieu à l'organisation d'expéditions.

Les navigateurs, **Christophe Colomb, Vasco de Gama** ou **Magellan**, se mettent alors au service des rois d'Espagne et du Portugal. Ils ouvrent de nouvelles routes maritimes et découvrent de nouveaux territoires. **L'Amérique**, découverte par Christophe Colomb en **1492**, est baptisée ainsi en l'honneur d'un autre navigateur, **Amérigo Vespucci**, l'un des premiers à prendre conscience qu'il s'agit en fait d'un **Nouveau monde**. **Le traité de Tordesillas** en **1494** permet de délimiter les zones d'influence des deux puissances (**DOC. 1**).

→ J'EXPÉRIMENTE 2 - P. 20

Vers une première mise en relation du monde

Le monde connu s'élargit alors considérablement entrainant le développement des échanges de tous types (marchandises, hommes). C'est une première forme de mondialisation et le début du décloisonnement du monde. L'Europe devient alors le lieu où arrivent tous les produits nouveaux. Mais c'est aussi l'endroit d'où partent les hommes, les marchandises, les influences religieuses ou culturelles.

Au début du XVIIe siècle, sous le contrôle des États, les Anglais, les Français et les Hollandais créent des **compagnies de commerce**. Ces compagnies jouent un très grand rôle dans la mise en relation des différentes parties du monde.

→ J'EXPÉRIMENTE 3 - P. 22

REPÈRES

- **1492** Découverte de l'Amérique par Christophe Colomb
- **1494** Traité de Tordesillas
- **1519** Début de la circumnavigation de Magellan
- **1602** Fondation de la Compagnie hollandaise des Indes orientales

VOCABULAIRE & NOTIONS

- **Empire byzantin :** territoire situé au Sud-Est de l'Europe ayant pour capitale Constantinople, l'actuelle Istanbul (Turquie).
- **Nouveau monde :** nom donné à l'Amérique par rapport au monde connu jusqu'alors (« Ancien monde »).
- **Compagnie de commerce :** association de négociants créée pour assurer le commerce entre un pays européen et l'outre-mer.

DOC. 1

Le partage du monde entre Espagnols et Portugais au début du XVIe siècle

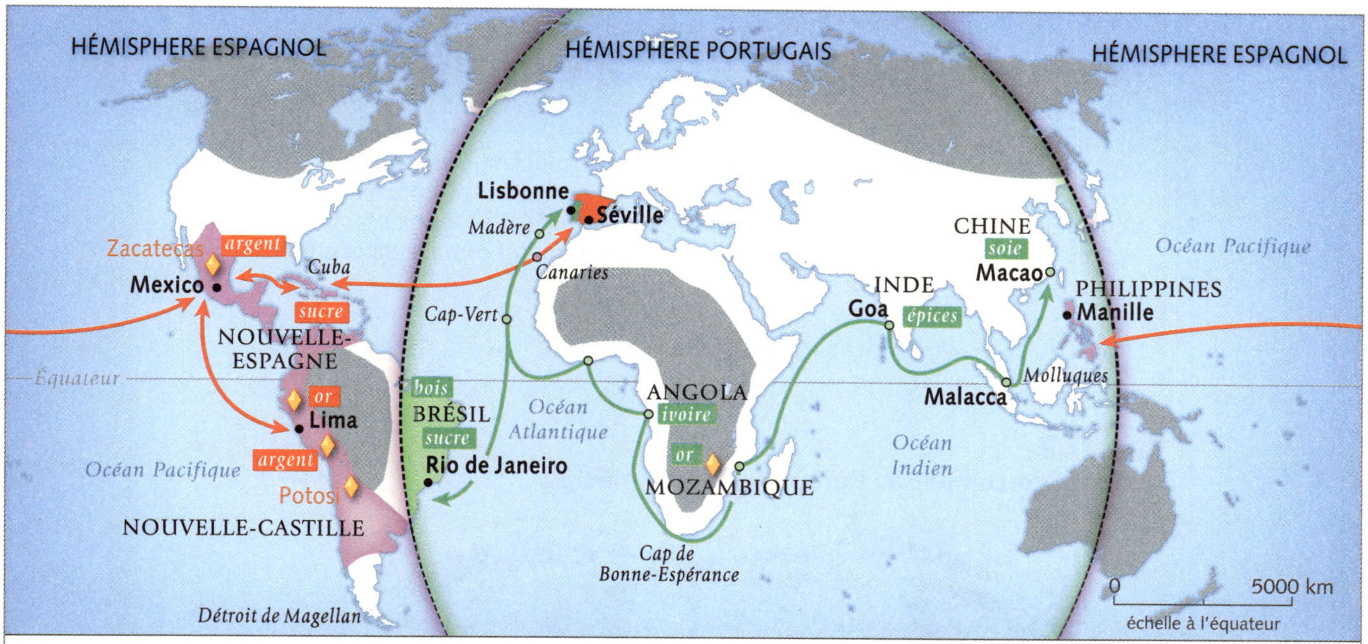

Le partage du monde entre l'Espagne et le Portugal

- Ligne de partage entre l'Espagne et le Portugal (Traité de Tordesillas 1494)
- Espagne
- Portugal
- Possessions espagnoles
- Possessions portugaises
- Terres inconnues des Européens

Des enjeux économiques très importants

Principales routes maritimes
- Espagnoles
- Portugaises
- Mines

Produits rapportés en Europe
- argent Par les espagnols
- soie Par les portugais

Lecture active du cours

1. Au XVe siècle, quels sont les continents connus des Européens ?

....

....

2. Relevez les dates qui vous semblent décisives.

....

....

3. Quels acteurs jouent un rôle important dans l'élargissement du monde ?

....

....

4. Quelles sont les motivations qui poussent à l'organisation d'expéditions de découverte ?

....

....

Synthèse

5. Construisez une phrase avec les trois idées principales du cours.

....

....

....

ON EN PARLE AUTREMENT...

UN FILM
Ridley Scott, *1492*, 1992

UN ROMAN
Bruno d'Halluin, *L'Égaré de Lisbonne*, 2014

J'EXPÉRIMENTE

Écoutez le cours associé.
liennathan.fr/e6xl67

Le XVe siècle, des échanges encore limités

1

Au XVe siècle, le monde connu des Européens est encore limité. Les échanges sont centrés sur l'Europe du Nord et la Méditerranée dont les ports sont très prospères. Les relations commerciales avec l'Orient existent mais sont rares. Elles se font surtout par Constantinople, capitale de l'Empire byzantin. Ce sont donc les routes commerciales qui façonnent la vision du monde des Européens.

➜ Quelle vision du monde les Européens ont-ils au XVe siècle ?

DOC. 1

Le monde connu des Européens au XVe siècle

Planisphère d'Henricus Martellus, 1489. British Library, Londres.

DOC. 2

Le commerce européen au XVe siècle

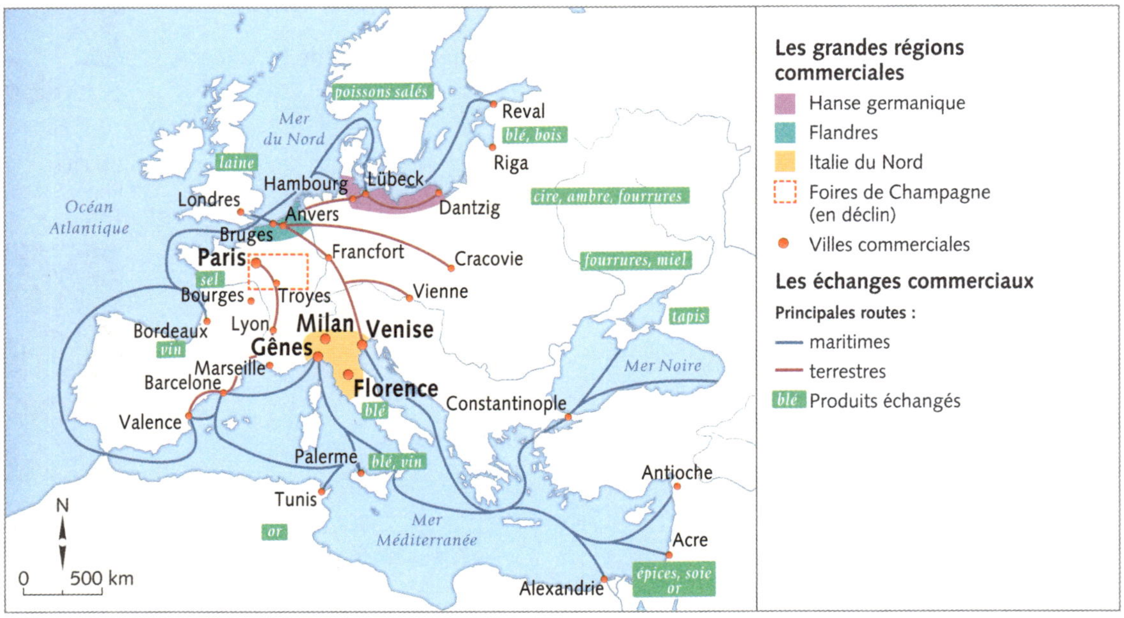

CAPACITÉ

▸ Réaliser et compléter un schéma

DOC. 3

Le port de Gênes, un des carrefours commerciaux incontournable entre l'Orient et l'Occident

Cristoforo Grassi, *Vue de Gênes en 1481*, 1597. Museo del Mare, Gênes (Italie).

?

CAPACITÉ

Réaliser et compléter un schéma

1 Complétez le schéma représentant le monde connu des Européens au xve siècle.

Titre : ....

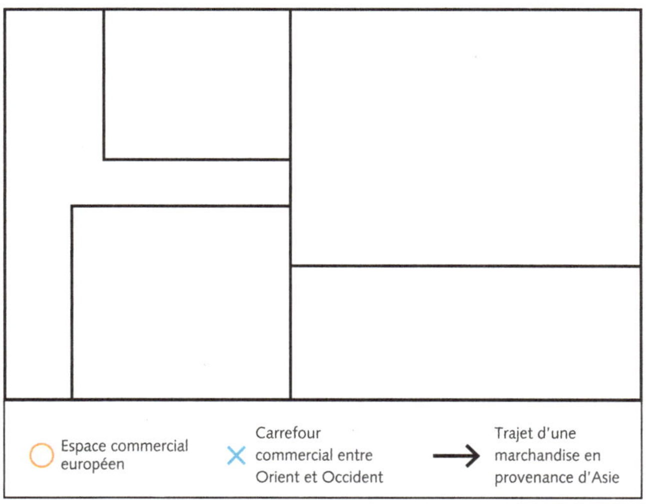

MÉTHODE

a) Grâce au DOC. 1, localisez et nommez :
- en noir, l'Europe, l'Asie et l'Afrique.
- en bleu, la Méditerranée et l'océan Indien.

b) Grâce au DOC. 2, localisez : par un cercle orange la grande zone commerciale européenne.

c) Grâce aux DOCS. 2 et 3, localisez : par une croix bleue deux carrefours commerciaux européens importants en relation avec l'Asie. **Nommez-les.**

d) Grâce au DOC. 2, représentez : par une flèche noire le trajet suivi par une marchandise venant d'Orient jusqu'en Europe du Nord. Elle doit passer par les deux carrefours commerciaux européens.

2 Donnez un titre au schéma.

J'EXPÉRIMENTE

Écoutez le cours associé.
liennathan.fr/nd6x24

2 De nouvelles routes maritimes pour un monde plus vaste

À partir de la fin du XVe siècle, les Espagnols et les Portugais se mettent à la recherche de nouvelles routes maritimes pour accéder aux produits d'Asie. Les royaumes d'Espagne et du Portugal vont jouer un rôle essentiel dans ces **Grandes découvertes** qui contribuent de façon décisive à l'expansion du monde connu.

➔ **Quelles sont ces nouvelles routes maritimes ? Où mènent-elles ?**

DOC. 1

Les Espagnols : atteindre l'Asie par l'Ouest

Le premier voyage de Christophe Colomb en 1492.

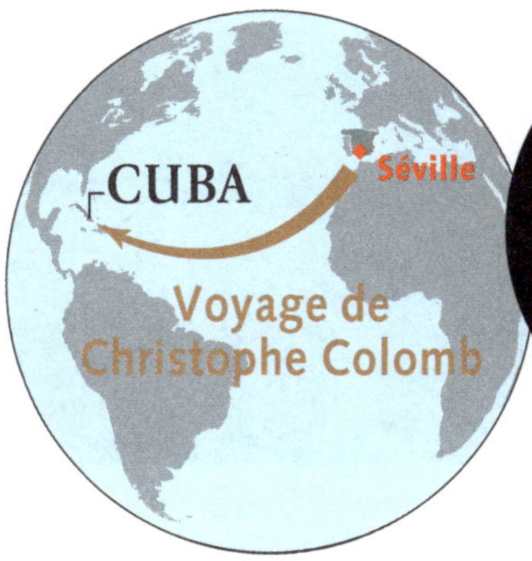

Christophe Colomb (1451-1506)
Navigateur génois au service de l'Espagne. Il est persuadé que la Terre est ronde.

En 1492, il ....
....
....

Apprenez-en plus sur **les raisons du voyage de Christophe Colomb.**

liennathan.fr/5w95xc

DOC. 2

Les Portugais : atteindre l'Asie par l'Est

Le voyage de Vasco de Gama en 1498.

Vasco de Gama (1469-1524)
Navigateur portugais, il franchit le Cap de Bonne-Espérance en 1498

et arrive en ....
....
....
....

REPÈRES

- **1492** Découverte de l'Amérique par Christophe Colomb
- **1519** Circumnavigation de Magellan

VOCABULAIRE & NOTIONS

- **Grandes découvertes :** vaste mouvement de découverte et d'exploration du monde entrepris par les Européens à partir de la fin du XVe siècle.
- **Circumnavigation :** tour du monde.

DOC. 3

Circumnavigation de Fernand de Magellan

La route de l'Ouest rejoint celle de l'Est entre 1519 et 1522.

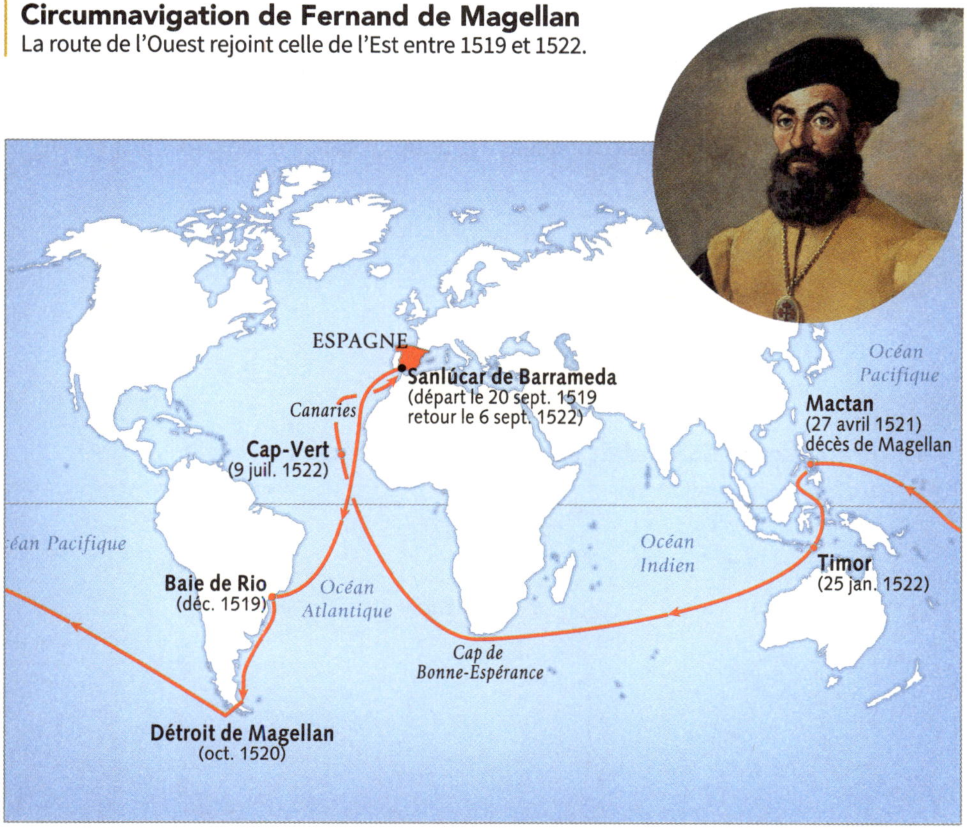

Fernand de Magellan (1480-1521)
Navigateur portugais au service de l'Espagne, il cherche à atteindre lui aussi l'Asie en passant par ....
....
....

Il meurt pendant le voyage, mais ses lieutenants arrivent à bon port en 1522.

Il réalise le ....
....
....

?

CAPACITÉ

Identifier des évolutions à partir de cartes

❶ Complétez le tableau à l'aide des cartes.

	Dates	Direction suivie	Résultat
Voyage de Colomb			
Voyage de Vasco de Gama			
Voyage de Magellan			

❷ À partir des informations du tableau, expliquez en quelques lignes les évolutions apportées par l'ouverture de ces nouvelles routes maritimes.

....
....
....
....

❸ Complétez les biographies des trois explorateurs.

J'EXPÉRIMENTE

Écoutez le cours associé.
liennathan.fr/k549fh

3 Vers une première mise en relation du monde : la VOC

....

Créée en 1602 par les **Provinces-Unies**, la Compagnie hollandaise des Indes orientales (VOC) est la plus grande de l'époque. Par son organisation et son fonctionnement, elle est l'ancêtre des entreprises multinationales actuelles. Ses bateaux font circuler des produits aux quatre coins du monde. Ses soldats ont pour mission de conquérir des territoires afin de constituer un empire colonial pour les Provinces-Unies.

➔ **Pourquoi la VOC est-elle un acteur important de la mise en relation des différentes parties du monde ?**

REPÈRES

- **1602** Fondation de la Compagnie hollandaise des Indes orientales

DOC. 1

L'empire colonial hollandais aux XVIIe et XVIIe siècles

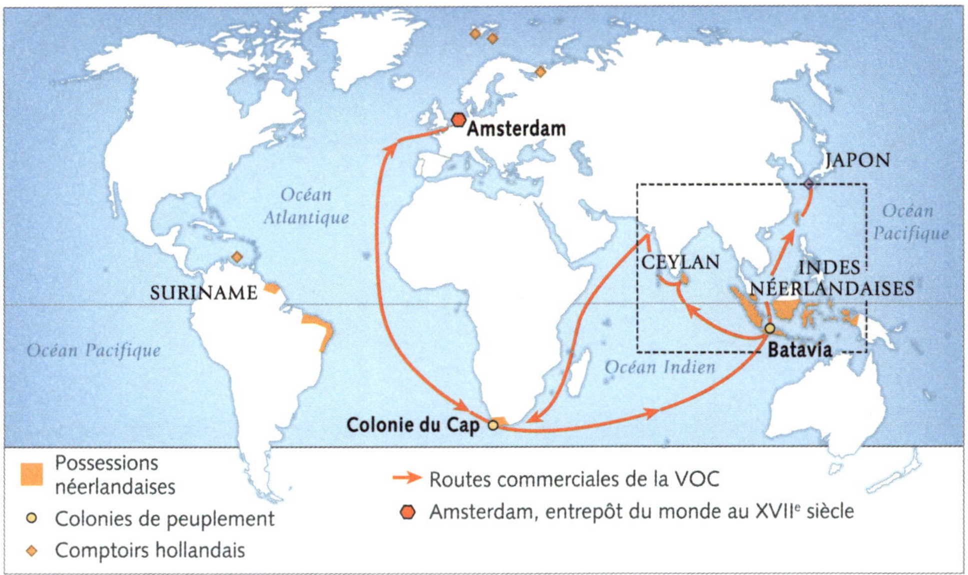

DOC. 2

Les Indes orientales : l'espace privilégié de la VOC

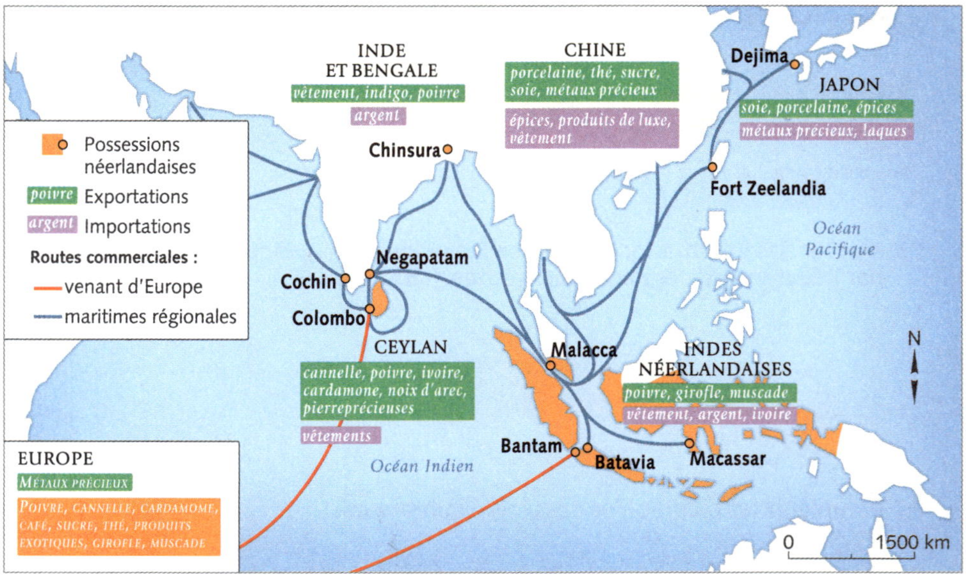

VOCABULAIRE & NOTIONS

- **Provinces-Unies :** nom donné du XVIe au XVIIIe siècle à la partie Nord des Pays-Bas actuels. On désigne ses habitants sous le nom d'Hollandais ou Néerlandais.
- **Indes orientales :** territoires d'Asie du Sud et du Sud-Est à l'époque coloniale.
- **Comptoir :** établissement commercial situé en général dans un port qui sert de relais aux compagnies de commerce.

DOC. 3

Un personnage

Jan Pieterzoon Coen, est le gouverneur général de la Compagnie hollandaise des Indes orientales entre 1619 et 1629.

—

Anonyme, vers 1750. Rijksmuseum, Amsterdam.

DOC. 4

La noix de muscade : une épice importante

La noix de muscade, planche dessinée par Pietro Andrea Matthioli, 1590.

Au XVIIe siècle, la noix muscade était le produit de luxe le plus convoité en Europe. Elle avait, pensait-on, des propriétés médicinales si extraordinaires qu'elle valait la peine qu'on risque sa vie pour se la procurer. […]. Les médecins qui pratiquaient leur art à Londres déclarèrent que la fabuleuse épice était le seul remède efficace contre la peste […]. La petite noix rabougrie fut à partir de ce moment aussi recherchée que l'or.

—

Giles Milton, *La guerre de la noix muscade*, Phébus, 2012.

?

CAPACITÉ

Décrire la circulation d'un produit

1 **À l'aide des cartes, complétez la feuille de route du voyage d'un navire de la VOC qui cherche à se procurer de la noix muscade au XVIIe siècle.**

Port de départ	
Marchandises exportées d'Europe	
Océans traversés	
Lieu d'escale possible	
Destination finale	
Marchandises importées en Europe	

2 **Imaginez que vous êtes le commandant de bord d'un navire de la VOC. Rédigez, sur une feuille de brouillon, le journal de bord du voyage et décrivez la circulation des produits transportés. Appuyez-vous sur les informations de l'exercice 1.**
Vous pouvez commencer votre journal par : *« Le 4 du mois de novembre de l'an 1637 nous avons levé l'ancre du port… ».*

3 **Pourquoi peut-on dire, qu'il existe un commerce régional au sein même des Indes orientales ? Pour répondre appuyez-vous sur le DOC. 2 et aidez-vous en écoutant la capsule audio.**

Apprenez-en plus sur **la noix de muscade, un produit au cœur du commerce de la VOC.**

liennathan.fr/13ly2k

COURS 2

LES PREMIERS EMPIRES COLONIAUX
XVIe - XVIIIe siècles

MÉMORISEZ

Écouter votre cours plusieurs fois vous permettra de mieux le retenir.

L'audio du cours.
liennathan.fr/in158m

La constitution progressive d'empires coloniaux

Dès la fin du XVe siècle, Espagnols et Portugais organisent leur présence et l'exploitation des nouveaux territoires. Après des guerres de conquête, les Espagnols prennent possession de vastes territoires en Amérique qu'ils transforment en **colonies**. Ils créent des villes et mettent en place une organisation administrative et territoriale calquée sur celle du Royaume d'Espagne. Un véritable empire colonial voit le jour dès le début du XVIe siècle.

Français, Anglais et Hollandais tentent de rattraper leur retard. Ils se lancent à la recherche de routes commerciales et de territoires à exploiter. Progressivement, toutes les grandes puissances s'installent également en Asie. Elles établissent ainsi de vastes empires commerciaux qui rayonnent au XVIIIe siècle (**DOC. 1**).

→ J'EXPÉRIMENTE 4 - P. 26

Le premier empire colonial français

À partir du XVIe siècle, les différents rois de France souhaitent s'enrichir et affirmer leur puissance en conquérant de nouvelles terres. La Nouvelle- France en Amérique du Nord, les Antilles, certains points de la côte africaine et de l'Inde forment progressivement l'empire colonial français.

L'extension de l'empire français favorise le développement de ports et de villes sur la **façade atlantique** comme Lorient (siège de la Compagnie des Indes Orientales françaises) ou La Rochelle. Ces ports, ainsi que ceux de Bordeaux ou Nantes, doivent une partie importante de leur prospérité au commerce d'esclaves.

Au terme de la **guerre de Sept Ans** (1756-1763) qui l'oppose à l'Angleterre, la France perd une grande partie de son empire colonial.

→ J'EXPÉRIMENTE 5 ET 6 - P. 30 ET 32

→ J'EXPÉRIMENTE 8 - P. 36

REPÈRES

- **XVIIe - XVIIIe siècles**
  Développement de la façade atlantique
- **1670 - fin du XVIIIe siècle**
  Développement de la traite atlantique
- **1685**
  Publication du *Code Noir*
- **1756-1763**
  Guerre de Sept Ans

La traite atlantique

Pour exploiter les colonies et leurs produits, comme le coton, le sucre ou les métaux précieux, les États européens ont recours à l'**esclavage**. Plusieurs compagnies de commerce pratiquent ce commerce humain, appelé **traite** (**DOC. 2**).

Ce sont les **armateurs** privés qui équipent les bateaux dits **négriers** : ils partent d'Europe chargés de marchandises et les échangent sur les côtes africaines contre des êtres humains. Ces derniers ont été capturés par des chefs de tribus pour répondre à la demande de main-d'œuvre dans les colonies. Devenus esclaves, ils sont ensuite vendus sur le continent américain, d'où les navires repartent les cales pleines de produits locaux vers leur port d'origine. Ce circuit commercial est aussi appelé **commerce triangulaire**.

→ J'EXPÉRIMENTE 7 - P. 34

VOCABULAIRE & NOTIONS

- **Colonie :** territoire d'outre-mer possédé et exploité par un pays européen.
- **Façade atlantique :** espace littoral constitué de nombreux ports.
- **Traite :** commerce des esclaves qui met en jeu plusieurs acteurs (armateurs, marchands d'esclaves, capitaines de négrier), sur plusieurs continents.
- **Armateur :** homme d'affaires équipant un navire, finançant son voyage et exerçant diverses activités financières (banque, assurance).
- **Négrier :** fait référence à la fois au type de navire qui transporte des esclaves et à ceux qui tirent profit de ce commerce.
- **Commerce triangulaire :** commerce entre l'Europe, l'Afrique et l'Amérique consistant à échanger des marchandises contre des esclaves.

DOC. 1

Les empires coloniaux européens au XVIIIe siècle

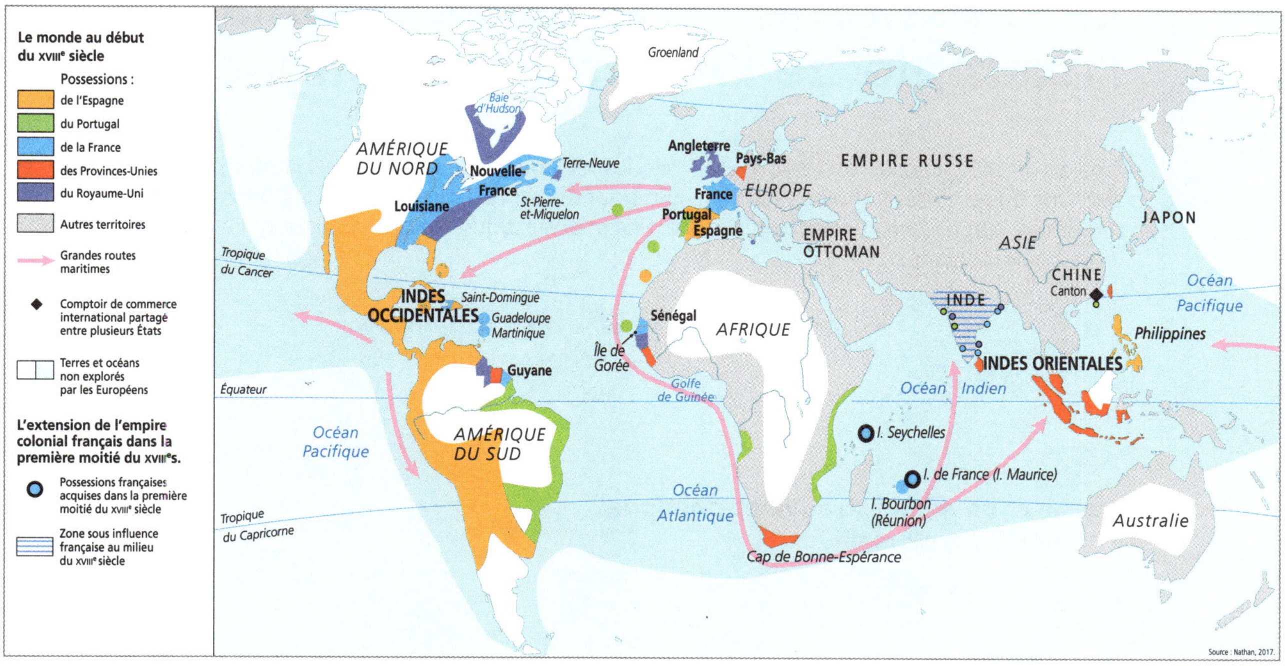

DOC. 2

Le commerce des esclaves sur les côtes africaines

Gravure de Jacques Grasset dans *Les Costumes des représentants des peuples*, 1796. Bibliothèque des Arts décoratifs, Paris.

Lecture active du cours

1. Quels sont les premiers pays qui se constituent un empire colonial (DOC. 1) ?

....

....

....

2. Quel pays dispose du plus grand empire colonial (DOC. 1) ?

....

3. Quel pays européen est le principal rival de la France dans le Nord-Est de l'Amérique (DOC. 1) ?

....

4. Où se situent les principaux ports français ?

....

....

....

5. Identifiez les différents personnages de la gravure : les esclaves ❶, l'acheteur ❷, le marchand ❸ (DOC. 2).

6. La mise en valeur des colonies entraîne une conséquence dramatique : laquelle ?

....

....

....

....

....

J'EXPÉRIMENTE

Écoutez le cours associé.
liennathan.fr/ff5z59

4

La constitution d'empires coloniaux : l'exemple de l'Amérique espagnole

À partir de 1492, l'Espagne prend le contrôle des territoires explorés. Depuis Madrid, des représentants du roi et des militaires sont envoyés pour diriger l'empire. L'Espagne a pour objectif de reproduire son organisation administrative. Des ecclésiastiques ont pour mission d'**évangéliser** les peuples indigènes.

➜ **Quelles sont les caractéristiques de la colonisation ?**

DOC. 1

L'organisation administrative et politique de l'Amérique coloniale

L'Amérique espagnole est organisée sur le plan administratif et politique en vice-royautés. Le Vice-Roi est le représentant du Roi d'Espagne dans les colonies, ses pouvoirs sont ceux d'un souverain.

REPÈRES

1492 Découverte de l'Amérique

DOC. 2

La christianisation de l'empire

Il y a dans cette grande ville des temples d'une très belle architecture. Dans le plus grand de ces temples il y a trois salles où se trouvent les idoles[1] principales.
Je fis enlever du dessus des autels et jeter au bas des escaliers les plus importantes d'entre elles, celles dans lesquelles ils avaient le plus de foi. Je fis laver ces chapelles qui étaient pleines de sang de leurs sacrifices et je mis à leur place des images de la Vierge et d'autres saints. Moctezuma et son peuple étaient indignés. »

1. Image d'une divinité.

D'après Hernán Cortés, *Lettres à Charles Quint, La Conquête du Mexique*, Éditions La Découverte, 1996.

VOCABULAIRE & NOTIONS

- **Évangéliser :** diffuser la religion chrétienne auprès d'une population.

CAPACITÉ

▶ Identifier une notion

DOC. 3

La société coloniale, une société métissée

Miguel Carrera, *D'un Espagnol et d'une Indienne : un métis*, 1763. Musée de l'Amérique, Madrid.

DOC. 4

L'exploitation des mines d'or à Hispaniola (aujourd'hui Saint-Domingue)

Gravure de Théodore de Bry, 1594.

Apprenez-en plus sur **la société coloniale espagnole.**

liennathan.fr/v33n4n

?

CAPACITÉ

Identifier une notion

1. En observant les noms donnés aux vices-royautés et les nouvelles pratiques religieuses, relevez les liens unissant les colonies à l'Espagne (**DOCS. 1** et **2**).

....
....
....
....
....
....

2. De quelle manière les Espagnols exploitent-ils les richesses du Nouveau monde (**DOCS. 4**) ?

....
....
....
....
....

3. Décrivez les documents en montrant le métissage et la hiérarchisation de la société coloniale (**DOC. 3** et **4**).

....
....
....
....
....

Rédiger

4. À l'aide des documents et de vos réponses aux questions, proposez une définition du mot « colonisation ».

....
....
....
....

HISTO-ART

1620, le voyage du Mayflower

➔ **Comment une œuvre d'art permet-elle de comprendre un événement historique ?**

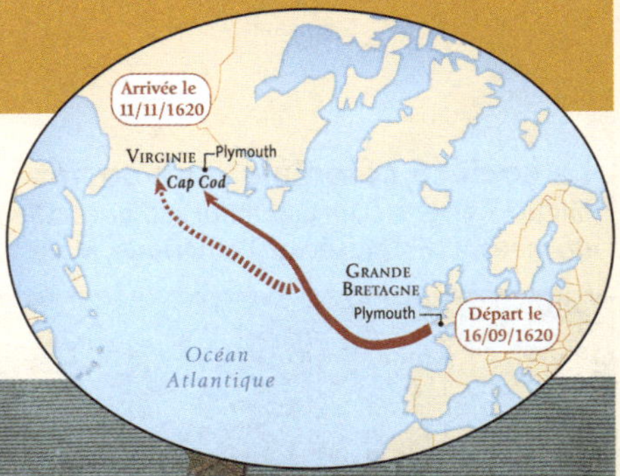

D'après **Antonio Gisbert**, *L'Arrivée des* **pères pèlerins** *en Amérique*, huile sur toile, 1864. Palais du Sénat, Madrid.

Le Cap Cod

Le *Mayflower* en arrière-plan représente le passé européen.

Le nourrisson dans les bras de sa mère au second plan symbolise le futur : la naissance de la colonie de peuplement.

CONTEXTE

➔ En 1620, des **puritains** anglais fuient les persécutions religieuses ordonnées par le roi Jacques Ier. Ils embarquent à bord du navire *Mayflower* et prennent la direction de l'Amérique. Ils débarquent au **Cap Cod**, dans le Nord-Est des États-Unis actuels et y fondent une **colonie de peuplement** et la ville de Plymouth. Cette région va bientôt porter le nom de Nouvelle Angleterre. Ce voyage joue un rôle majeur dans l'histoire des États-Unis.

CAPACITÉ

▶ Questionner une œuvre d'art pour construire l'analyse historique d'un évènement

Méthode

ÉTAPE 1 PRÉSENTER L'ŒUVRE

1 Quelle est la nature de cette œuvre d'art ?

....

2 Quel artiste l'a créée ?

....

3 Quel est le sujet représenté ?

....

4 Quel est son lieu de conservation ?

....

ÉTAPE 2 OBSERVER ET DÉCRIRE

5 Qui sont ces personnages ? D'où viennent-ils ?

....

....

6 Observez l'attitude et la tenue du personnage central. D'après vous, quelle est sa fonction ?

....

7 Que font les autres personnages au premier plan ?

....

....

ÉTAPE 3 INTERPRÉTER LA SCÈNE REPRÉSENTÉE

8 À qui semble s'adresser le personnage central ? Quel peut être alors le livre qu'il tient à la main ?

....

9 Pourquoi, d'après vous, les passagers du *Mayflower* sont-ils venus en Amérique ?

....

....

10 Quelle ville fondent-ils à leur arrivée ?

....

11 Pourquoi ce tableau permet-il de comprendre que l'arrivée du *Mayflower* est un événement majeur ?

....

....

VOCABULAIRE & NOTIONS

- **Pères pèlerins :** nom donné aux colons britanniques du *Mayflower*.
- **Puritains :** chrétiens protestants qui voulaient pratiquer une religion plus pure.
- **Cap Cod :** région littorale dans l'actuel État du Massachusetts au Nord-Est des États-Unis.
- **Colonie de peuplement :** colonie vers laquelle un pays envoie des personnes afin d'établir une présence permanente.

J'EXPÉRIMENTE

Écoutez le cours associé.
liennathan.fr/8uf31e

5

L'empire colonial français : de Jacques Cartier à la guerre de Sept Ans (1)

À partir du XVIᵉ siècle, les puissances européennes rivalisent avec les Espagnols et les Portugais pour construire des empires coloniaux. Ainsi, un empire colonial français se forme et s'agrandit progressivement jusqu'au XVIIIᵉ siècle. Cela entraîne le développement de la façade atlantique française, de ses ports et de ses villes.

➜ Comment évolue l'empire colonial français entre le XVIᵉ et le XVIIIᵉ siècles ?

DOC. 1

L'empire colonial français entre le XVIᵉ et le XVIIIᵉ siècles

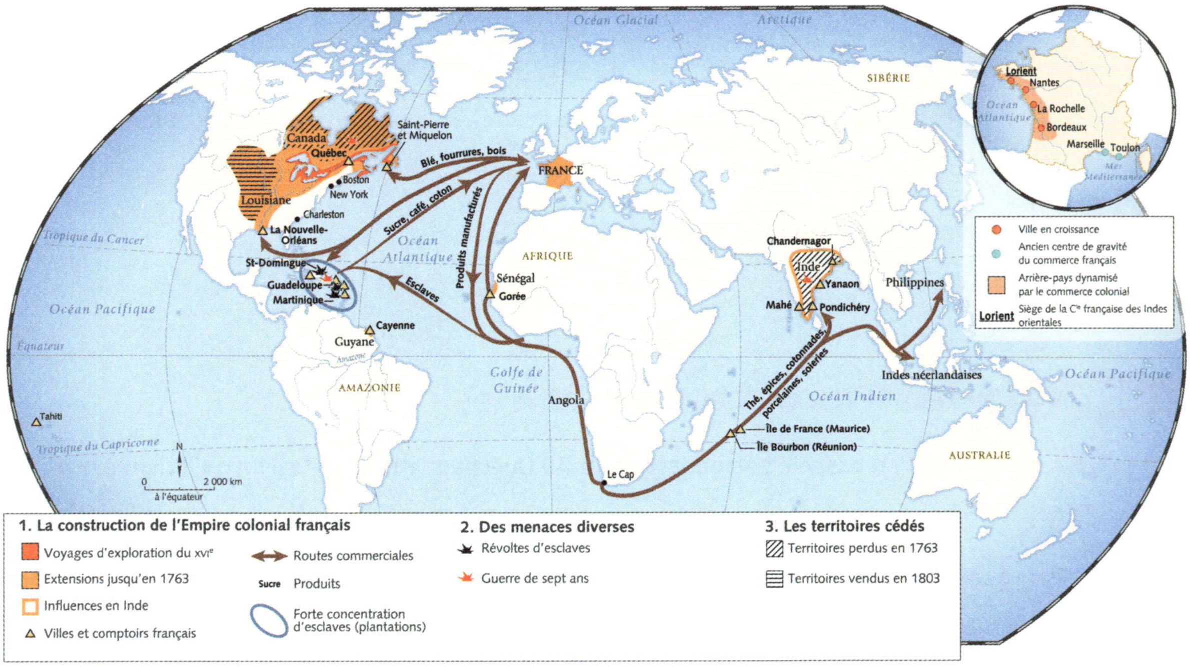

REPÈRES

- **1535**
  Jacques Cartier remonte l'embouchure du Saint-Laurent
- **XVIIᵉ - XVIIIᵉ siècles**
  Développement de la façade atlantique de la France
- **1756-1763**
  Guerre de Sept Ans

DOC. 2

Jacques Cartier remonte l'embouchure du Saint Laurent en 1535

Nous demandons au dit Jacques Cartier de découvrir certaines îles où l'on dit qu'il doit se trouver une grande quantité d'or et d'autres richesses.

Lettre de mission de François Iᵉʳ, 1534.

VOCABULAIRE & NOTIONS

- **Arrière-pays :** territoire à l'intérieur des terres mais en étroite relation avec le littoral.
- **Comptoir :** établissement commercial sur un littoral.

CAPACITÉS

- Comparer à l'aide de cartes la situation de l'empire colonial français entre le XVIe et le XVIIIe siècles
- Compléter un schéma qui rend compte d'une situation historique

?

Comparer à l'aide de cartes la situation de l'empire colonial français entre le XVIe et le XVIIIe siècles

1 Citez les continents et les océans où la France est présente (DOC. 1).

....

....

2 Quelles richesses la France retire-t-elle de son empire (DOC. 1) ?

....

....

3 Surlignez dans la légende de la carte les éléments qui prouvent que la façade atlantique française se développe entre les XVIe et XVIIIe siècles. (DOC. 1)

4 Quelle guerre ralentit l'expansion coloniale française (DOC. 1) ?

....

5 Quelle est la région du monde explorée par Jacques Cartier ? Quelle est sa mission (DOC. 2) ?

....

....

6 Qui est l'auteur de la lettre de mission de Jacques Cartier (DOC. 2) ?

....

CAPACITÉ

Compléter un schéma qui rend compte d'une situation historique

7 Complétez le schéma à l'aide des réponses aux questions et de la carte.

8 Complétez la légende.

MÉTHODE

a) Coloriez en bleu les espaces colonisés par la France jusqu'en 1763.

b) Hachurez en noir les territoires perdus en 1763.

c) Nommez sur le schéma les lieux suivants : Québec, Nouvelle-Orléans, Antilles, Pondichéry, Lorient.

d) Tracez en rouge les principaux flux de marchandises entre la France et son empire colonial.

e) Localisez par une croix rouge les principales batailles de la guerre de Sept Ans : Québec, Pondichéry, Antilles.

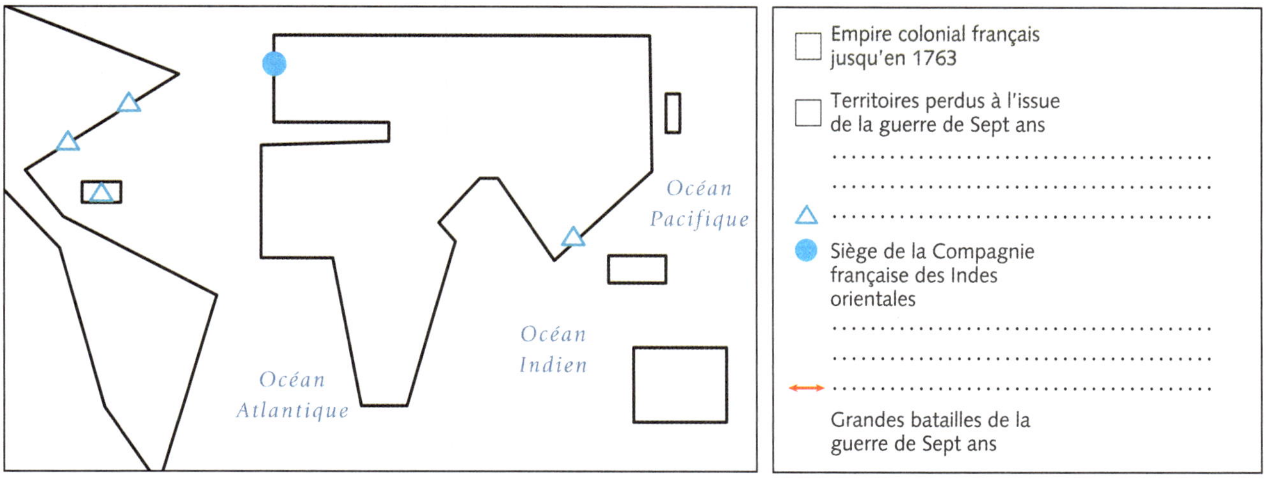

J'EXPÉRIMENTE

Écoutez le cours associé.
liennathan.fr/w14nd9

6 L'empire colonial français : de Jacques Cartier à la guerre de Sept Ans (2)

....

La colonisation de territoires impose à la France des défis à relever. Elle doit explorer de nouvelles terres, les peupler, les exploiter puis les défendre afin de maintenir sa présence en Amérique du Nord.

➔ **La France réussit-elle à relever le défi colonial en Amérique du Nord ?**

DOC. 1

Le commerce à la Nouvelle-Orléans (Louisiane) : une image positive de la France

François Gérard Jollain, *Le Commerce que les Indiens du Mexique font avec les Français au port de Mississippi*, 1719-1721. Collection historique de la Nouvelle Orléans.

....

....

....

....

....

....

....

....

....

....

....

....

....

....

....

....

....

....

....

CAPACITÉ

▸ Mettre en relation des documents pour comprendre une situation historique

DOC. 2

Défendre l'Empire : le siège de Québec en 1759 pendant la guerre de Sept Ans

Gravure du siège de Québec.
Bibliothèque du ministère de la Défense Nationale du Canada.

DOC. 3

Le Traité de Paris met fin à la guerre de Sept Ans : la perte de nouveaux territoires (extraits)

Article 4. Sa majesté très Chrétienne [le roi de France Louis XV] renonce à toute prétention sur l'Acadie et la garantit toute entière au roi de la Grande-Bretagne. De plus, Sa majesté très Chrétienne cède et garantit à Sa-dite Majesté Britannique, en toute propriété, le Canada ainsi que l'île du Cap Breton et toutes les autres îles dans le golfe et fleuve du Saint-Laurent.
Article 8. Le Roi de Grande-Bretagne restituera à la France les îles de la Guadeloupe, de Marie-Galante, de la Désirade, de la Martinique [...].
Article 11. Sa Majesté Très Chrétienne restituera, de son côté, tout ce qu'elle pourrait avoir conquis sur la Grande-Bretagne dans les Indes Orientales pendant la présente Guerre.

?

CAPACITÉ

Mettre en relation des documents pour comprendre une situation historique

1 Identifiez et analysez les éléments entourés sur le documents.

2 Pourquoi peut-on dire que cette gravure donne une image positive de l'empire colonial français (DOC. 1) ? Aidez-vous de vos réponses à la question 1.

....

....

....

3 Dans quelle colonie française se trouve Québec (DOC. 2) ?

....

4 D'après cette gravure, quel est le principal ennemi de la France pendant la guerre de Sept Ans (DOC. 2) ?

....

5 À l'issue de la guerre de Sept Ans, pourquoi peut-on dire que la France a perdu la plus grande partie de son empire colonial ? Au profit de quel royaume ? Appuyez-vous sur le DOC. 3 et la carte p. 32.

....

....

....

....

J'EXPÉRIMENTE

Écoutez le cours associé.
liennathan.fr/gd7t25

7 La traite atlantique

Afin de mettre en valeur et d'exploiter les nouveaux territoires, les Européens ont recours à l'esclavage à travers le système de la traite. Ces êtres humains, considérés comme des marchandises, sont transportés dans des conditions très dures de l'Afrique vers le continent américain. Ils y sont alors vendus pour constituer la main-d'œuvre nécessaire au fonctionnement des **plantations**.

➜ **Comment s'organise la traite atlantique ?**

DOC. 1

Le commerce triangulaire : des échanges de produits et d'êtres humains

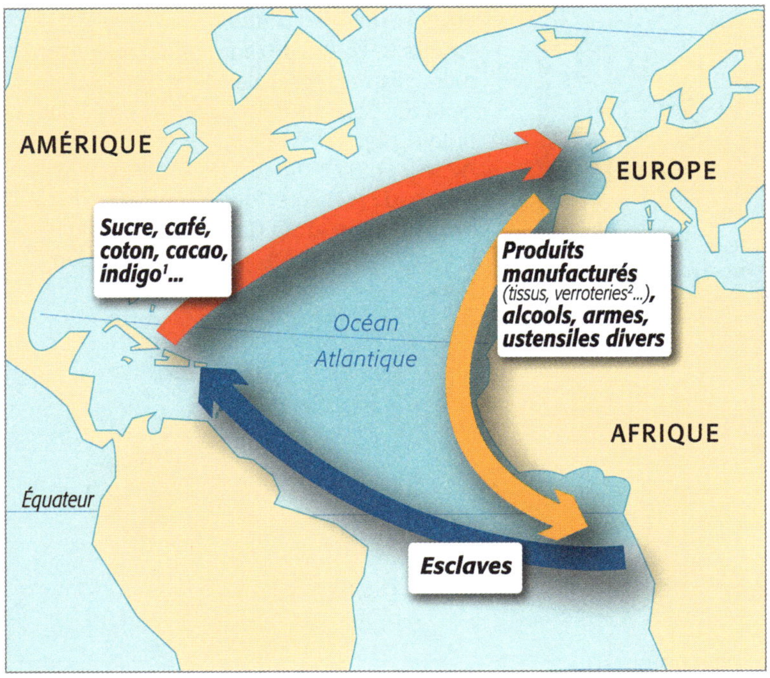

DOC. 2

Les conditions du voyage des esclaves

Coupe d'un navire négrier au XVIIIe siècle. Musée national d'Histoire américaine, Washington.

DOC. 3

Une plantation aux Antilles qui emploie des esclaves

Gravure d'après *l'Encyclopédie* dirigée par Diderot et d'Alembert, 1751-1772.

1 Champs de cannes à sucre 2 Maison du maître 3 Logement des esclaves (« case à nègres ») 4 Bâtiments d'exploitation (moulin, purgerie...) 5 Église

DOC. 4

La règlementation de la vie des esclaves

Le *Code Noir* est un texte de loi préparé par Colbert, ministre du roi de France Louis XIV. Il réglemente la vie des esclaves et leurs relations avec leurs maîtres.

Art. 16 - Défendons [...] aux esclaves appartenant à différents maîtres, de s'attarder le jour ou la nuit [...] sous peine de punition corporelle, qui ne pourra être moindre que du fouet, et de la fleur de lys[1] ; et en cas de fréquentes récidives, et autres circonstances aggravantes, pourront être punis de mort [...]

Art. 38 - L'esclave fugitif, qui aura été en fuite pendant un mois, à compter du jour que son maître l'aura dénoncé en justice, aura les oreilles coupées et sera marqué d'une fleur de lys sur une épaule ; s'il récidive [...], la troisième fois, il sera puni de mort.

Art. 44 - Déclarons les esclaves être meubles, et comme tels [...] se partager également entre les cohéritiers [...].

1. Punition consistant à marquer la peau avec un fer rouge en forme de fleur de lys.

Extraits du *Code Noir*, 1685.

CAPACITÉ

▶ **Décrire le circuit de la traite atlantique entre le XVIIe et le XVIIIe siècles**

DOC. 5

Les traces du passé négrier dans un port de la façade atlantique : La Rochelle

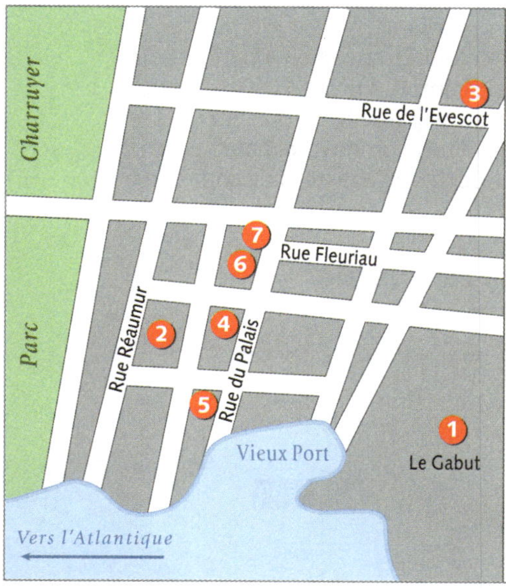

1. Quartier des entrepôts où étaient stockées les marchandises échangées contre des esclaves en Afrique.
2. Nombreux hôtels particuliers ayant appartenu à des armateurs.
3. Ancienne raffinerie de sucre en provenance des Antilles.
4. Hôtel de la Bourse où étaient préparées les expéditions négrières.
5. Hôtel particulier de la famille Rasteau, une des grandes familles de planteurs et de négriers rochelais.
6. Cathédrale St Louis : présence de nombreux ex-voto représentant des navires négriers.
7. Hôtel Fleuriau, ancienne demeure de l'armateur Fleuriau. Aujourd'hui, c'est le musée du Nouveau Monde dont plusieurs salles sont conscrées à la traite et à l'esclavage.

REPÈRES

- **XVIIe - XVIIIe siècles** Développement de la traite atlantique
- **1685** Publication du *Code Noir*

VOCABULAIRE & NOTIONS

- **Esclave :** être humain qui est la propriété d'un maître qui peut en disposer selon sa volonté.
- **Plantation :** grande exploitation agricole en Amérique, propriété d'un planteur.

Apprenez-en plus sur **le passé de La Rochelle.**

liennathan.fr/2r8x3e

?

CAPACITÉ

Décrire le circuit de la traite atlantique entre le XVIIe et le XVIIIe siècles

1 Rédigez au brouillon un texte d'une vingtaine de lignes décrivant la traite atlantique. Notez ici les informations et les exemples qui montrent l'organisation de la traite atlantique.

Faits	Exemples
....	....
....	....
....	....
....	....

2 Vous êtes journaliste et vous devez rédiger un article qui dénonce la traite atlantique. Écrivez votre article sur une feuille de brouillon et notez ici vos arguments en faveur de la défense des africains ainsi que vos exemples.

Arguments	Exemples
....	....
....	....
....	....
....	....

3 Vous êtes chargé(e) de réaliser un diaporama pour le site internet de l'office de tourisme de La Rochelle. Vous devez montrer la prospérité de la ville au XVIIIe siècle. Aidez-vous de la capsule audio.

J'EXPÉRIMENTE

Écoutez le cours associé.
liennathan.fr/dh039g

8 Les femmes dans la colonisation de la Nouvelle-France

La Nouvelle-France est le nom donné à une partie de l'empire colonial français en Amérique. Cet immense espace est sous peuplé. Au **recensement** de 1665, on compte à peine 4 000 habitants. Faute de femmes, la colonie française dépérit. C'est dans ce cadre que Jean Talon, l'**intendant** nommé par Louis XIV, publie une **ordonnance** en 1671 obligeant les hommes célibataires de la Nouvelle-France à se marier sous peine de perdre les droits de pêche, de chasse et de commerce avec les fourrures.

➜ **Quel rôle les femmes ont-elles joué dans la colonisation de la Nouvelle-France ?**

VOCABULAIRE & NOTIONS

- **Recensement :** décompte de la population réalisé par un État ou une administration.
- **Intendant :** chef civil de la Nouvelle-France. Il dirige la colonie à l'exception des questions militaires confiées au gouverneur.
- **Ordonnance :** texte de loi qui émane du roi ou de ses représentants.

DOC. 1 La Nouvelle-France

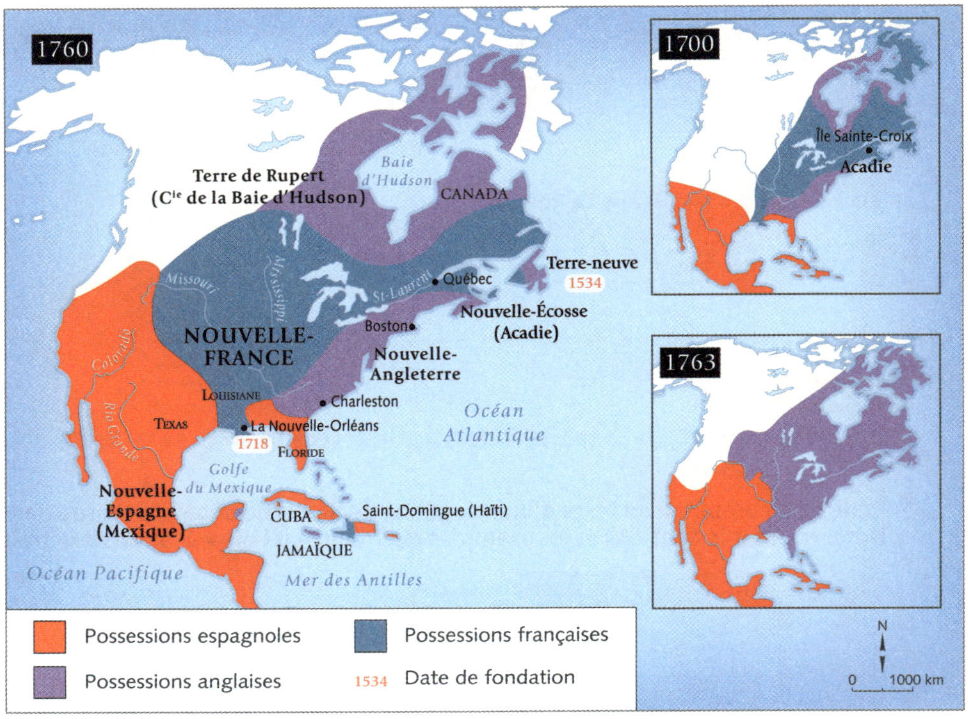

DOC. 2 Jean Talon accueille les filles du roi

Sur le quai les attendent de beaux trappeurs endimanchés. Témoignage de l'époque : « les voici qui se pressent sur le pont, les unes contre les autres, comme un bouquet qu'on a ficelé serré. Il s'agit de savoir, avant même d'avoir distingué leur visage, si elles sont modestes et bien soignées de leur personne. »

Eleanore Fortescue-Brickdale, *L'Arrivée des filles du roi au Québec*, 1927. Library and Archives Canada.

CAPACITÉ

▶ Situer un acteur dans son contexte et préciser son rôle dans la période considérée

DOC. 3

Plaque commémorative à Dieppe
(Porte des Tourelles)

« Entre 1663 et 1673, plus de 770 jeunes femmes parties de France débarquèrent à Québec envoyées par Louis XIV pour prendre mari et contribuer au peuplement de la Nouvelle-France. On les appelle les Filles du Roy. Près de 600 d'entre elles quittèrent le port de Dieppe, 20 étaient originaires de Dieppe et sa région. »

DOC. 4

Marie Guyart, une femme importante pour la Nouvelle-France

« Le grand homme de la Nouvelle-France est une femme. »

Louis-Guy Lemieux, journaliste et écrivain canadien.

« Aussi Marie Guyart doit-elle être considérée sur le même pied d'égalité que les Descartes, Pascal et autres génies de son époque. Sa vie, son œuvre répondent avec éclat à la question qu'on posait avec condescendance, il y a quelque quarante ans à l'apprentie historienne que j'étais : à l'évidence les femmes n'ont rien accompli dans l'histoire : "où sont les Michel-Ange ou les Newton féminins" ?

Dominique Deslandres, historienne canadienne.

DOC. 5

L'embarquement des femmes pour la Louisiane

Je fus surpris, en entrant dans ce bourg[1], d'y voir tous les habitants en alarme. Ils se précipitaient de leurs maisons pour courir en foule à la porte d'une mauvaise hôtellerie, devant laquelle étaient deux chariots couverts. [...]
Je m'arrêtai un moment pour m'informer d'où venait le tumulte ; mais je tirai peu d'éclaircissement d'une populace curieuse, qui ne faisait nulle attention à mes demandes, et qui s'avançait toujours vers l'hôtellerie, en se poussant avec beaucoup de confusion. Enfin, un archer revêtu d'une bandoulière, et le mousquet sur l'épaule, ayant paru à la porte, je lui fis signe de la main de venir à moi. Je le priai de m'apprendre le sujet de ce désordre. – Ce n'est rien, monsieur, me dit-il ; **c'est une douzaine de filles de joie que je conduis, avec mes compagnons, jusqu'au Havre-de- Grâce[1], où nous les ferons embarquer pour l'Amérique.** Il y en a quelques-unes de jolies, et c'est, apparemment, ce qui excite la curiosité de ces bons paysans [...].

1. La ville du Havre.

Abbé Prévost, *L'Histoire du chevalier Des Grieux et de Manon Lescaut*, 1731.

?

CAPACITÉ

Situer un acteur dans son contexte et préciser son rôle dans la période considérée

1 Qui est Jean Talon ? Repérez-le sur le DOC. 2.

....

....

2 Qui sont les filles du roi (DOCS 2 et 3) ? Montrez que leur arrivée est un événement important pour Québec.

....

....

....

....

3 Expliquez les deux citations en faisant une recherche Internet sur Marie Guyart. (DOC. 4)

....

....

....

4 Présentez le document 5.

....

....

....

5 Expliquez la phrase en gras (DOC. 5).

....

....

....

Rédiger

6 Dans un texte court mais organisé, répondez à la problématique en vous aidant des documents et des réponses précédentes.

....

....

....

....

HISTO-ART

Vers la première mondialisation

➔ **Comment le portrait de Pierre Grégoire de Roulhac illustre-t-il la première mondialisation ?**

Negrini, *Portrait de Pierre Grégoire de Roulhac*, 1757. Musée d'Histoire de Nantes.

Pierre Grégoire de Roulhac est un seigneur de la région de Limoges, au centre de la France.

CONTEXTE

➔ Entre le XVe et le XVIIIe siècles, l'expansion du monde connu, et la mise en relation des territoires qui en découle, permettent de parler de la mise en place d'une première mondialisation.

CAPACITÉ

▸ Questionner une œuvre d'art pour construire une analyse historique

Méthode

ÉTAPE 1 PRÉSENTER L'ŒUVRE D'ART

1 Quelle est la nature de cette œuvre d'art ?

....

2 Qui est l'artiste ?

....

3 Dans quel lieu cette œuvre est-elle conservée ?

....

4 Dans quel contexte cette œuvre a-t-elle été réalisée ?

....

ÉTAPE 2 OBSERVER ET DÉCRIRE

5 Entourez en numérotant sur cette peinture les objets concernés par les produits suivants :
1. *Cacao d'Amérique* ***2.*** *Bois d'acajou de Cuba* ***3.*** *Soie d'Asie*
4. *Coton d'Amérique du Nord* ***5.*** *Porcelaine de Chine*
6. *Argent d'Amérique du Sud* ***7.*** *Sucre des Antilles*

Apprenez-en plus sur **l'histoire du chocolat.**

liennathan.fr/3q82sb

ÉTAPE 3 INTERPRÉTER

6 Quelles transformations culturelles sont évoquées par cette peinture et le document audio ?

....

....

7 Selon vous pourquoi peut-on dire que Pierre Grégoire de Roulhac tire profit de la traite atlantique.

....

....

ÉTAPE 4 METTRE EN RELATION

8 Complétez le schéma à l'aide des informations précédentes.

a. Nommez sur votre schéma les continents concernés par les échanges de marchandises évoquées dans cette œuvre d'art.

b. Donnez un titre au schéma.

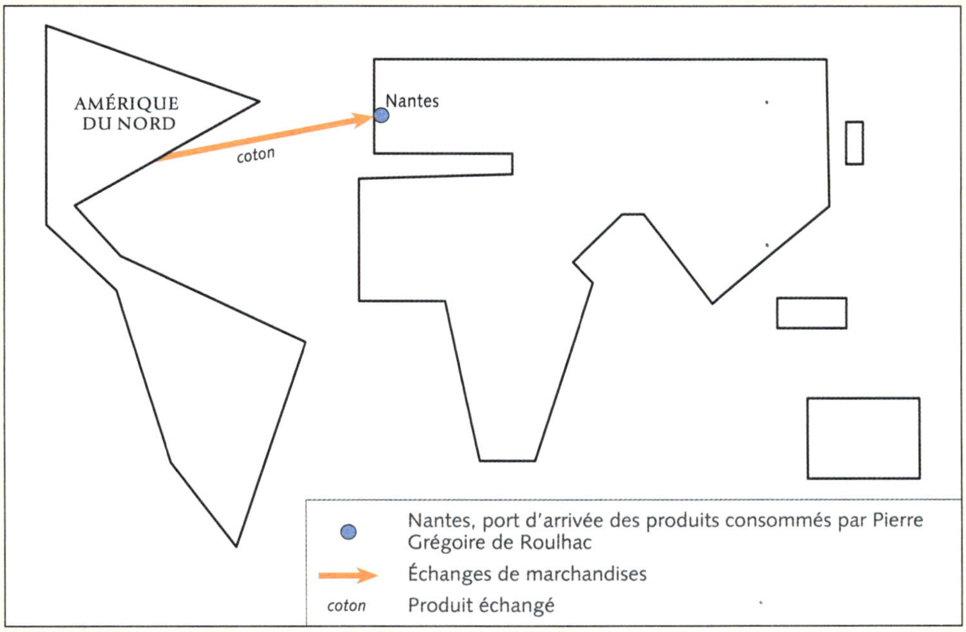

MÉTHODE

Mettre en relation des documents et confronter des points de vue : la controverse de Valladolid

DOC. 1

Sepúlveda justifie le droit de conquête des Espagnols en Amérique

« [...] Comparez ces bienfaits dont jouissent les Espagnols – prudence, invention, magnanimité[1], tempérance[2], humanité et religion – avec ceux de ces hommelets si médiocrement humains, dépourvus de toute science et de tout art, sans monument du passé autre que certaines peintures aux évocations imprécises. Ils n'ont ni lois écrites, mais seulement des coutumes, des traditions barbares. [...]

1. générosité - 2. modération

Juan Ginés de Sepúlveda, *Des causes d'une juste guerre contre les Indiens*, Séville, 1541.

Juan Ginés de Sepúlveda
Homme d'Église et philosophe espagnol du XVIe siècle, spécialiste du philosophe grec antique Aristote dont il traduit les œuvres. Comme lui, Sepúlveda s'interroge sur l'esclavage et pense qu'il existe des « esclaves par nature », c'est-à-dire que certains hommes sont nés pour être soumis. Ses arguments sont utilisés lors de la controverse de Valladolid en 1550-1551.

DOC. 2

Un des reproches de Sepúlveda : les sacrifices humains

Codex Megliabechiano, milieu du XVIe siècle. Bibliothèque nationale de Florence.

ÉTAPE 1

• Présenter les documents

Il s'agit d'indiquer leur nature (Quoi ?), leur auteur (Qui ?), la date de la réalisation (Quand ?) et quand c'est possible, leur lieu de conservation.

Réponse. Le document 1 est un texte extrait de l'ouvrage *Des causes d'une guerre juste contre les Indiens*. Ce livre a été écrit par Juan Gines de Sepúlveda, un prêtre et philosophe espagnol. Le document a été publié à Séville en 1541 et va être réutilisé lors de la controverse de Valladolid en 1550-1551. Le document 2 est un dessin extrait du *Codex magliabechiano*. L'auteur est inconnu mais les codex sont réalisés par les Indiens. Il date du milieu du XVIe siècle et se trouve à la Bibliothèque nationale de Florence.

ÉTAPE 2

• Prélever des informations en répondant aux questions

a. Dans le document 1, que reproche l'auteur aux Indiens ? Citez des arguments utilisés par Sepúlveda.

Réponse. L'auteur fait de nombreux reproches aux Indiens : ils sont « médiocrement humains », n'ont pas de « science » ni « d'art ». On peut aussi citer « sans monument du passé », sans « lois écrites » et ont des « traditions barbares ».

b. Qui est sacrifié lors de cette cérémonie religieuse (doc. 2) ?

Réponse. L'image montre que ce sont des êtres humains qui sont sacrifiés. Au pied de la pyramide, on voit le cadavre ensanglanté d'un homme. En haut de la pyramide, sur l'autel, on voit un prêtre prélever un organe, le cœur, pour l'offrir aux dieux afin d'obtenir leur protection.

ÉTAPE 3

• Mettre en relation les documents

a. Quel extrait du document 1 peut-on mettre en relation avec le document 2 ?

Réponse. L'extrait du document 1 : « des coutumes, des traditions barbares » peut être mis en relation avec le document 2.

b. Les informations contenues dans les deux documents se complètent-elles ou se contredisent-elles ?

Réponse. Les deux documents se complètent puisqu'aux yeux des Espagnols, le sacrifice humain est une coutume barbare.

Appliquer la méthode

À la lecture des documents, quelle relation pouvez-vous établir entre eux ?

DOC. 1

De Las Casas dénonce le comportement des Espagnols vis-à-vis des Indiens en Amérique

« De quel droit avez-vous engagé une guerre atroce contre ces gens qui vivaient pacifiquement dans leur pays ? Pourquoi les laissez-vous dans un tel été d'épuisement sans les nourrir suffisamment ? [...] Ne sont-ils pas des hommes ? N'ont-ils pas une raison, une âme ? Toutes les nations du monde sont composées d'hommes : tous ont leur intellect, leur volonté et leur libre-arbitre, puisqu'ils sont faits à l'image de Dieu. [...] En quarante ans, par suite de la tyrannie et des actions infernales des chrétiens, douze millions d'âmes, hommes, femmes et enfants sont morts. »

Bartolomé de Las Casas, *Très brève relation de la destruction des Indes*, 1542.

Bartolomé de Las Casas
Homme d'Église et humaniste espagnol du XVIe siècle, il mène plusieurs missions de christianisation auprès des Indiens d'Amérique. Ses arguments sont utilisés lors de la controverse de Valladolid en 1550-1551.

DOC. 2

Des Espagnols lancent des chiens sur des Indiens

Gravure de Théodore de Bry, *Des Indiens sont livrés à des chiens*, 1594.

ÉTAPE 1

• Présenter les documents

Document 1 : ....

....

....

....

Document 2 : ....

....

....

....

ÉTAPE 2

• Prélever des informations en répondant aux questions

a. Que reproche l'auteur aux Espagnols ? (DOC. 1)

....

....

....

b. Pourquoi cette scène est-elle choquante ? (DOC. 2)

....

....

ÉTAPE 3

• Mettre en relation les documents

a. Quel extrait du document 1 peut-on mettre en relation avec le document 2 ?

....

....

b. Les informations contenues dans les deux docs se complètent-elles ou se contredisent-elles ?

....

....

JE RETIENS AUTREMENT

Les repères du Thème 1

Une **carte mentale** permet d'organiser sa pensée et ses connaissances. Elle s'organise autour d'une **idée générale** et se divise en **idées secondaires** de plus en plus précises et en **exemples**. Les **couleurs** permettent de classer les informations sur le même thème pour mieux les retenir.

Complétez la carte mentale avec les repères étudiés dans ce thème. Aidez-vous des cases déjà remplies et des propositions suivantes. Attention, celles-ci ne sont pas dans l'ordre chronologique.

- Arrivée du Mayflower au Cap Cod
- Développement de la façade atlantique de la France
- Code Noir
- Fondation de la Compagnie hollandaise des Indes orientales
- Controverse de Valladolid
- Jacques Cartier remonte le Saint Laurent
- Découverte de l'Amérique
- Traité de Tordesillas
- Développement de la traite atlantique
- Guerre de Sept ans

L'EXPANSION DU MONDE CONNU XVE - XVIIIE SIÈCLES

Un monde qui s'élargit pour les Européens

- **1492** : ....
- **1519** : *Début de la circumnavigation de Magellan*
- **1535** : ....
- **1620** : ....

Les conséquences

Des conséquences politiques

1494 : ....

1756 - 1763 : ....

Des conséquences sociales

1550 - 1551 : ....

1670 - Fin XVIIIe siècles : ....

1685 : ....

Des conséquences économiques

1602 : ....

XVIIe - XVIIIe siècles : ....

JE RETIENS AUTREMENT

Les notions du Thème 1

Complétez la carte mentale avec les notions étudiées dans ce thème. Aidez-vous des cases déjà remplies et des propositions suivantes :

- Colonisation
- Compagnies de commerce
- Empires coloniaux
- Esclaves
- Nouvelles routes maritimes
- Traité négrière atlantique

Vous pouvez ensuite rédiger un texte qui met en œuvre toutes les notions du thème évoquées par la carte mentale.

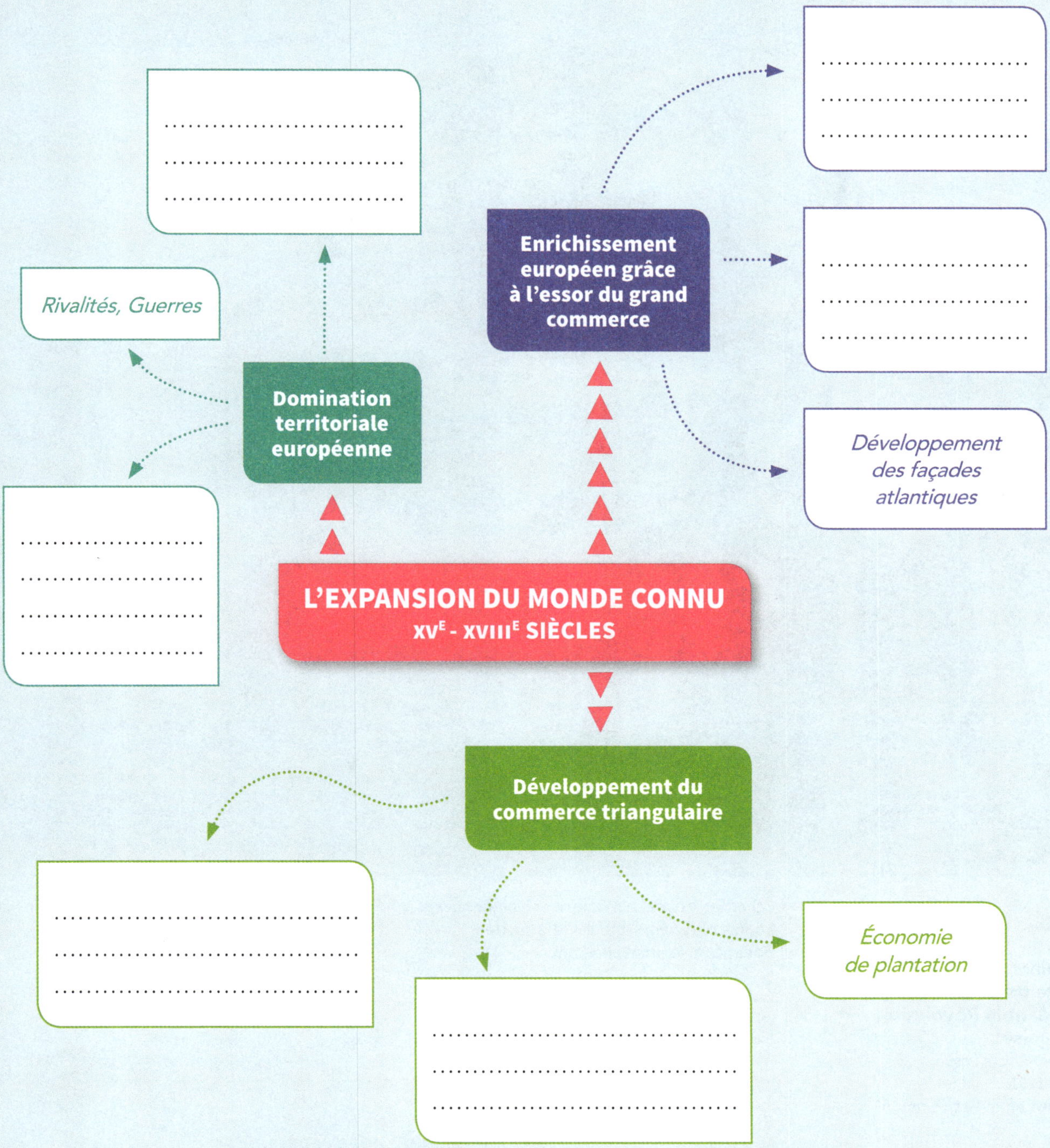

Thème 2

L'AMÉRIQUE ET L'EUROPE EN RÉVOLUTION
(des années 1760 à 1804)

Dans le dernier tiers du XVIIIe siècle, trois révolutions majeures marquent l'Amérique et l'Europe : **la Révolution américaine, la Révolution française et la Révolution de Saint-Domingue**. Elles remettent en cause l'ordre établi et contribuent à l'affirmation de **nouveaux droits et principes**.

➔ **Comment naissent les révolutions en Amérique et en Europe ?**
Comment ces révolutions ont-elles créé une citoyenneté inédite ?

D'hier…

DOC. 1

La plantation d'un arbre de la liberté pendant la Révolution française
Jean-Baptiste Lesueur, 1790-1791.
Musée Carnavalet, Paris.

1. Cocarde tricolore, symbole des révolutionnaires
2. Bonnet phrygien, symbole de la liberté
3. Hommes et femmes chantant
4. Gardes nationaux, les soldats de la Révolution française
5. Hommes politiques
6. Des sans-culottes (représentant le peuple) plantant un arbre de la liberté

?

1. **Présentez le document 1 (nature, auteur, date, idée générale).**
2. **Que représente l'arbre qui est planté (DOC. 1) ?**

Capacités travaillées

- Dégager le sens et l'intérêt des textes patrimoniaux de la période, **p. 50**
- Situer un événement dans son contexte pour l'expliquer, **p. 52**
- Confronter des points de vue d'acteurs différents, **p. 54**
- Situer une actrice dans son contexte et préciser son rôle dans la période considérée, **p. 58**
- Situer des documents dans leur contexte pour les expliquer, **p. 60**
- Raconter la révolution de Saint-Domingue, **p. 62**
- Construire une argumentation historique, **p. 66**
- Questionner des documents pour conduire une analyse historique, **p. 68**
- Questionner une œuvre d'art pour construire une analyse historique, **p. 70**
- Présenter un document, en dégager l'intérêt et en montrer les limites, **p. 72**

Les ressources du thème

- La vidéo du thème, **p. 44**
- Le portfolio des repères, **p. 46**
- Les cours audio, **p. 48** ; **p. 56** ; **p. 64**
- Le salon de madame Geoffrin, **p. 51**
- Les États généraux de 1789, **p. 54**
- La marche des femmes sur Versailles d'octobre 1789, **p. 58**
- L'abbé Raynal, **p. 63**

Regardez la vidéo du thème.
liennathan.fr/n7dh09

...à aujourd'hui

DOC. 2

L'Assemblée nationale sur la place de la Concorde aujourd'hui
Vue actuelle de la Place de la Concorde, ancienne « Place Louis XV », rebaptisée « Place de la Révolution » en 1792 puis « Place de la Concorde » en 1795.

Ça me concerne

3. **Pourquoi, selon vous, ces deux documents ont-ils été choisis pour illustrer ce thème ?**
4. **Que pensez-vous savoir sur ce thème avant de l'étudier ?**

SE REPÉRER DANS LE TEMPS...

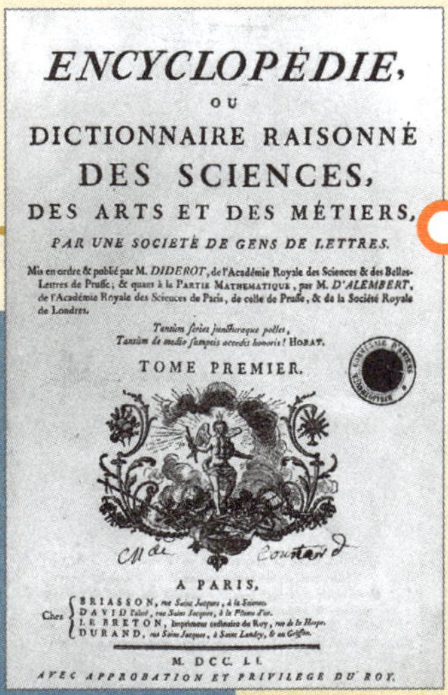

ENCYCLOPÉDIE,
OU
DICTIONNAIRE RAISONNÉ
DES SCIENCES,
DES ARTS ET DES MÉTIERS,
PAR UNE SOCIETÉ DE GENS DE LETTRES.

Mis en ordre & publié par M. *DIDEROT*, de l'Académie Royale des Sciences & des Belles-Lettres de Prusse ; & quant à la PARTIE MATHEMATIQUE, par M. *D'ALEMBERT*, de l'Académie Royale des Sciences de Paris, de celle de Prusse, & de la Société Royale de Londres.

Tantùm series juncturaque pollet,
Tantùm de medio sumptis accedit honoris ! HORAT.

TOME PREMIER.

A PARIS,
Chez BRIASSON, rue Saint Jacques, à la Science.
DAVID l'aîné, rue Saint Jacques, à la Plume d'or.
LE BRETON, Imprimeur ordinaire du Roy, rue de la Harpe.
DURAND, rue Saint Jacques, à Saint Landry, & au Griffon.

M. DCC. LI.
AVEC APPROBATION ET PRIVILEGE DU ROY.

1751-1772
Encyclopédie

1775-1783
Guerre d'indépendance des États-Unis

1776
Déclaration d'indépendance des États-Unis

1787
Constitution des États-Unis

1789-1799
Révolution et Ire République

Regardez le portfolio des repères du thème pour **en savoir plus** et mieux les retenir.

liennathan.fr/7vs32l

26 août 1789

Déclaration des droits de l'homme et du citoyen

10 août 1792

Chute de la monarchie

21 septembre 1792

Proclamation de la Ire République

1794

Abolition de l'esclavage dans les colonies françaises

1804

Indépendance de Saint-Domingue : Toussaint Louverture

COURS 1

LIBERTÉS, RÉVOLTES ET RÉVOLUTIONS

MÉMORISEZ

Écouter votre cours plusieurs fois vous permettra de mieux le retenir.

L'audio du cours.
liennathan.fr/tmf188

La philosophie des Lumières et les idées de liberté

Au XVIIIe siècle, en France, le courant de pensée des **Lumières** remet en cause la **monarchie absolue**. Dans cette société d'**Ancien régime**, le roi dispose de tous les pouvoirs sur les Français. Ces derniers sont des sujets et non des citoyens.

Les **philosophes des Lumières** critiquent l'intolérance religieuse, les privilèges, les inégalités ou encore l'absence de libertés. Ils cherchent à comprendre le monde en utilisant la raison : faculté grâce à laquelle les hommes et les femmes peuvent réfléchir, juger mais aussi décider eux-mêmes. Ces idées nouvelles jouent un rôle essentiel dans le déclenchement des révoltes et des **révolutions**.

→ J'EXPÉRIMENTE 1 - P. 50

L'influence de la Révolution américaine en France

À la fin du XVIIIe siècle, les treize colonies britanniques au Nord-Est de l'Amérique se révoltent contre les taxes à payer. Les **insurgés** protestent aussi car ils n'ont pas de représentants au Parlement de Londres alors qu'ils sont britanniques.

En **1776**, les colonies d'Amérique proclament leur indépendance et deviennent les États-Unis. **Georges Washington**, à la tête des insurgés, mène une guerre contre l'Angleterre. La révolution américaine suscite un grand enthousiasme en France. Des hommes politiques, comme le **marquis de La Fayette**, vont combattre en Amérique de leur propre initiative. D'autres, comme **Condorcet**, font de cette révolution un modèle à suivre pour la France (**DOC. 1**). Cette première révolution est un évènement fondamental.

→ J'EXPÉRIMENTE 2 - P. 52

Des aspirations à la liberté : les doléances de 1789

La société d'Ancien régime française est une société d'ordres inégalitaire (**DOC. 2**). Le **tiers état** regroupe 98 % de la population mais ne dispose pas de privilèges contrairement à la noblesse et au clergé. À la fin du XVIIIe siècle, les difficultés sociales et économiques sont de plus en plus importantes en France.

En 1789, le roi Louis XVI convoque les **États généraux** pour régler les problèmes financiers du pays et proposer des réformes. Avant de réunir cette assemblée, il demande aux Français de lui faire connaître les causes de leur mécontentement par écrit : 60 000 **cahiers de doléances** sont rédigés. Les Français ont des désirs de changements politiques et sociaux.

→ J'EXPÉRIMENTE 3 - P. 54

REPÈRES

- **1751-1752** *Encyclopédie*
- **1775-1783** Guerre d'indépendance des États-Unis
- **1776** Déclaration d'indépendance des États-Unis

VOCABULAIRE & NOTIONS

- **Lumières :** mouvement culturel du XVIIIe siècle qui cherche à faire triompher la raison pour libérer les individus.
- **Monarchie absolue :** système politique où le roi concentre tous les pouvoirs (exécutif, législatif et judiciaire).
- **Ancien régime :** désigne la France avant la Révolution française.
- **Révolution :** changement brutal d'un régime politique et d'une organisation sociale.
- **Insurgés :** colons américains révoltés contre l'Angleterre.
- **Société d'ordres :** société dans laquelle les individus sont classés selon leur naissance (noblesse, tiers état) ou leur fonction religieuse (clergé).
- **Tiers état :** groupe constitué de toutes les personnes sans privilèges payant des impôts (bourgeois, artisans, paysans).
- **États généraux :** assemblée convoquée par le roi réunissant les élus des trois ordres pour enregistrer des décisions.
- **Cahiers de doléances :** textes rédigés par les Français, en ville et à la campagne, recueillant les plaintes et les souhaits de chaque ordre pour préparer les États généraux.

DOC. 1
Le point de vue d'un homme politique français sur la révolution américaine

Il ne suffit pas [que les droits du genre humain] soient écrits dans les livres des philosophes [...], il faut que l'homme ignorant ou faible puisse les lire dans l'exemple d'un grand peuple. L'Amérique nous a donné cet exemple. L'acte qui a déclaré son indépendance est une exposition simple et sublime de ces droits si sacrés et si longtemps oubliés. [...]
Le spectacle de l'égalité qui règne dans les États-Unis, et qui en assure la paix et la prospérité, peut aussi être utile à l'Europe.
Nous n'y croyons plus, à la vérité, que la nature ait divisé la race humaine en trois ou quatre ordres.

Nicolas de Condorcet (1743-1794), *De l'influence de la révolution d'Amérique en Europe*, 1786.

DOC. 2
La société avant la Révolution française : une société d'ordres

« Il faut espérer que ce jeu finira bientôt », Eau-forte coloriée, 1789. BnF, Paris.

1 Femme du peuple 2 Religieuse 3 Femme de la noblesse

? Lecture active du cours

1 Pourquoi les philosophes des Lumières critiquent-ils la monarchie absolue ?

....

....

2 Pourquoi Condorcet admire-t-il les États-Unis d'Amérique (DOC. 1) ?

....

....

3 Pour quelle raison l'exemple américain peut-il être un modèle en France ?

....

....

4 Définissez ce qu'est la société d'ordres en vous appuyant sur le document 2.

....

....

5 Citez trois éléments qui montrent les difficultés de la France à la veille de la Révolution française.

....

....

....

ON EN PARLE AUTREMENT...

UN FILM
Roland Emmerich, *The Patriot, Le chemin de la liberté*, 2000

J'EXPÉRIMENTE

Écoutez le cours associé.
liennathan.fr/v3c88x

1 Contre la monarchie absolue : les philosophes des Lumières

Au siècle des Lumières, les philosophes expriment des idées critiques face à l'absolutisme. **Voltaire**, **Montesquieu**, **Diderot** ou **Rousseau** placent au centre de leur réflexion la raison et l'idée de progrès. Grâce aux publications et à la fréquentation des **salons**, les idées nouvelles se diffusent auprès des intellectuels et des gens de pouvoir.

➔ Comment les idées des philosophes des Lumières remettent-elles en cause la monarchie absolue ?

DOC. 1
Le régime parlementaire anglais donné en modèle par Voltaire

La nation anglaise est la seule de la terre qui soit parvenue à régler le pouvoir des rois en leur résistant, et qui [a] établi ce gouvernement sage où le Prince, tout puissant pour faire du bien, a les mains liées pour faire le mal [...] et où le peuple partage le gouvernement sans confusion. [Les Assemblées] sont les arbitres de la Nation.

Voltaire, *Lettres philosophiques*, 1734.

DOC. 2
La séparation des pouvoirs selon Montesquieu

Il y a, dans chaque État, trois sortes de pouvoirs. [...] Il n'y a point encore de liberté si la puissance de juger n'est pas séparée de la puissance législative et de l'exécutrice. [...] Tout serait perdu, si le même homme, ou le même corps des principaux, ou des nobles, ou du peuple, exerçaient ces trois pouvoirs. Celui de faire des lois, celui d'exécuter les résolutions publiques et celui de juger les crimes. ».

Montesquieu, *De l'esprit des lois*, Livre XI, chapitre 6, 1748.

DOC. 3
L'autorité politique selon Diderot

Aucun homme n'a reçu de la nature le droit de commander aux autres. La liberté est un présent du ciel et chaque individu de la même espèce a le droit d'en jouir aussitôt qu'il jouit de la raison [...]. Le prince tient de ses sujets mêmes l'autorité qu'il a sur eux ; et cette autorité est bornée par les lois de la nature et de l'État. [...] Le prince ne peut donc pas disposer de son pouvoir et de ses sujets sans le consentement de la nation.

Denis Diderot, article « Autorité politique » dans l'*Encyclopédie*, 1751.

DOC. 4
La volonté générale d'après Rousseau

Si l'on recherche en quoi consiste précisément le plus grand bien de tous, qui doit être la fin de tout système de législation, on trouvera qu'il se réduit à ces deux objets principaux, la liberté et l'égalité. [...] La volonté générale peut seule diriger les forces de l'État. Le peuple soumis aux lois doit en être l'auteur. La puissance législative appartient au peuple et ne peut appartenir qu'à lui.

Jean-Jacques Rousseau, *Du contrat social*, 1762.

REPÈRES

1751-1752
Encyclopédie

VOCABULAIRE & NOTIONS

- **Salon :** sous l'Ancien régime, lieu de réunion des intellectuels et gens de pouvoir pour discuter, échanger et se distraire. Il est souvent tenu par des femmes.
- **Régime parlementaire :** système politique où des assemblées ont le pouvoir de voter l'impôt et les lois.
- **Souveraineté :** autorité d'un souverain ou de l'État sur un territoire et une population.

CAPACITÉ

▶ Dégager le sens et l'intérêt des textes patrimoniaux de la période

DOC. 5

Une lecture philosophique dans le salon de Madame Geoffrin en 1755

Anicet Charles Gabriel Lemonnier, *Lecture de la tragédie* L'orphelin de la Chine *de Voltaire dans le salon de madame Geoffrin*, 1812. Musée national des châteaux de Malmaison (Rueil-Malmaison).

Apprenez-en plus sur **le salon de madame Geoffrin.**

liennathan.fr/7oh90w

?

CAPACITÉ

Dégager le sens et l'intérêt des textes patrimoniaux de la période

1 Complétez ce tableau en vous aidant des DOCS. 1 à 4.

	Qui détient la souveraineté ?	Comment les pouvoirs doivent-ils être organisés ?	Quels sont les droits et les devoirs du peuple ?	Quel est le régime politique proposé ?
D'après le roi	*Le roi seul détient la **souveraineté**.*	*Tous les pouvoirs sont concentrés entre les mains du roi.*	*- Peu de droits. - Devoir d'obéissance.*	*Monarchie absolue de droit divin.*
D'après Voltaire				
D'après Montesquieu				
D'après Diderot				
D'après Rousseau				

2 À partir des informations du tableau, expliquez en quelques lignes pourquoi les philosophes des Lumières s'opposent à la monarchie absolue.

....

....

....

....

3 Entourez sur l'image (DOC. 5) deux éléments qui montrent que ces idées circulent dans un milieu de gens privilégiés.

J'EXPÉRIMENTE

Écoutez le cours associé.
liennathan.fr/r9h05v

2 La Révolution américaine et son influence en France

À la fin du XVIIIe siècle, la **révolte des treize colonies britanniques** d'Amérique contre l'Angleterre conduit à la naissance des États-Unis. La Révolution a le soutien du roi Louis XVI. Pendant leur guerre contre l'Angleterre, les **insurgés américains** reçoivent une aide militaire française. En effet, les idées portées par cette révolution suscitent un profond intérêt en France.

➔ **Pourquoi la Révolution américaine est-elle synonyme de liberté aux yeux de la France ?**

REPÈRES

- **1775-1783** Guerre d'indépendance des États-Unis d'Amérique
- **1776** Déclaration d'indépendance des États-Unis d'Amérique
- **1787** Constitution des États-Unis d'Amérique

DOC. 1 Les insurgés contestent la domination britannique

L'Angleterre avait envoyé quarante mille hommes en Amérique pour étouffer la liberté. Une nation toute entière qui veut être libre est difficilement vaincue.
Son courage lui attirait partout en Europe l'estime des amis de la justice. À la fin de l'année 1776, on vit arriver à Paris des ambassadeurs américains[1] dont le célèbre Benjamin Franklin. Il serait difficile d'exprimer avec quel empressement, avec quelle ferveur furent accueillis, au sein d'une vieille monarchie, ces envoyés d'un peuple en insurrection contre son monarque [le roi d'Angleterre].

1. Les ambassadeurs sont venus demander l'aide militaire et financière de la France.

Louis-Philippe de Ségur, *Mémoires ou Souvenirs et anecdotes*, 1822-1826.

DOC. 2 Thomas Jefferson soumet le texte de la Déclaration d'indépendance au président du Congrès

John Trumbull, *Présentation du texte de la Déclaration d'indépendance des États-Unis au Congrès en 1776*, 1786-1820. Capitole, Washington.

Nous tenons pour évidentes les vérités suivantes : tous les hommes sont créés égaux ; ils sont doués [...] de certains droits inaliénables ; parmi ces droits se trouvent la vie, la liberté et la recherche du bonheur. Les gouvernements sont établis pour garantir ces droits. Toutes les fois qu'une forme de gouvernement ne suit plus ce but, le peuple a le droit de la changer ou de l'abolir et d'établir un nouveau gouvernement.

Thomas Jefferson, *Déclaration d'indépendance des États-Unis d'Amérique*, 4 juillet 1776.

VOCABULAIRE & NOTIONS

- **Constitution :** texte qui fixe l'organisation politique d'un État et les droits et devoirs des citoyens.
- **État fédéral :** État dans lequel les territoires conservent une partie des pouvoirs de décision.

CAPACITÉ

▶ Situer un événement dans son contexte pour l'expliquer

DOC. 3

La Fayette, admirateur de la Révolution américaine

Du premier moment où j'ai entendu prononcer le nom de l'Amérique, je l'ai aimée ; dès l'instant où j'ai su qu'elle combattait pour la liberté, j'ai brûlé du désir de verser mon sang pour elle.

Lettre au Congrès, 23 septembre 1778.

Si heureux que je me trouve en France, si bien traité que je sois par ma patrie et le roi, [...] je suis lié à vous, à l'Amérique, à mes compagnons d'armes, par une telle affection, que le moment où je mettrai la voile pour votre pays sera l'un des plus désirés et des plus heureux de ma vie.

Lettre adressée à Washington, octobre 1779.

DOC. 4

L 'organisation des pouvoirs aux États-Unis d'après la nouvelle Constitution de 1787

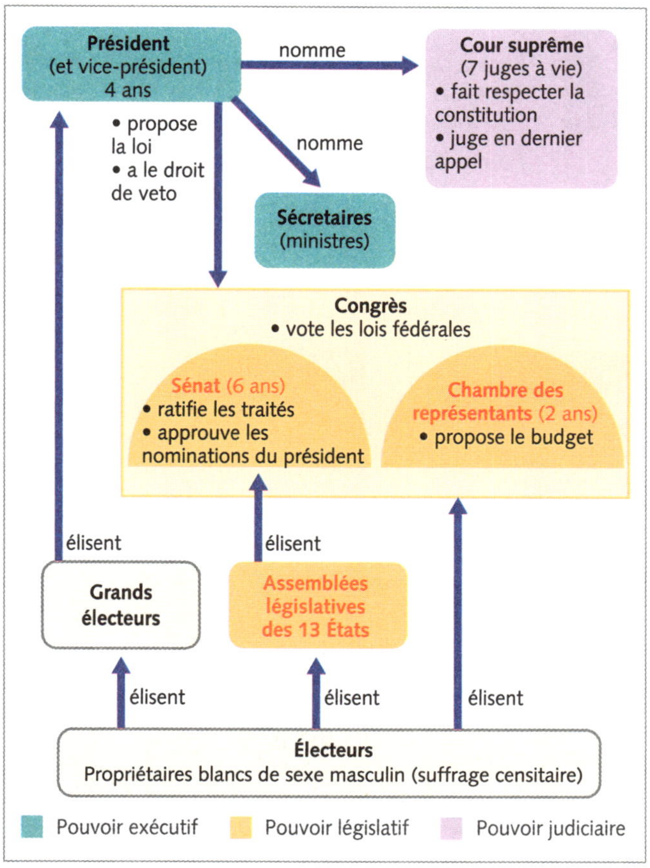

?

CAPACITÉ

Situer un événement dans son contexte pour l'expliquer

1 Qui sont les insurgés et que veulent-ils (DOC. 1) ?

....

....

2 Surlignez dans le DOC. 2 les droits énoncés dans la Déclaration d'indépendance des États-Unis.

3 Montrez que les pouvoirs sont séparés dans la Constitution des États-Unis d'Amérique (DOC. 4).

....

....

....

4 À partir des DOCS 1 et 3, décrivez comment la France aide les insurgés d'Amérique.

....

....

....

Raconter

5 Vous êtes un volontaire français parti pour lutter dans la guerre d'Indépendance des États-Unis. Écrivez à vos proches une lettre qui explique les raisons de votre départ.

....

....

....

....

....

....

....

....

....

....

....

....

J'EXPÉRIMENTE

Écoutez le cours associé.
liennathan.fr/wpu636

3 Les doléances de 1789 : des aspirations à la liberté

....

Face à la crise économique et sociale, Louis XVI organise une réunion des représentants des **trois ordres** de la société. **Les États généraux** doivent se réunir **le 5 mai 1789**. Cette assemblée n'avait pas été convoquée depuis 1614.

Pour préparer ce débat, les Français rédigent des **cahiers de doléances**.

➔ **Que demandent les Français dans les cahiers de doléances de 1789 ?**

REPÈRES

5 mai 1789
Ouverture des États généraux au château de Versailles

DOC. 1

Les députés des trois ordres se présentent devant le roi et le ministre des Finances Necker à la veille de la Révolution

Anonyme, détail d'une estampe placée sur un éventail, 1789. Archives numériques de la Révolution française.

1 ....

2 ....

3 ....

4 ....

VOCABULAIRE & NOTIONS

- **Lettre de cachet :** lettre par laquelle le roi peut faire emprisonner une personne sans jugement.
- **Privilège :** avantage qui est accordé à certaines personnes ou territoires.

Aapprenez-en plus sur **les États généraux de 1789.**

liennathan.fr/3bd68i

CAPACITÉ

▸ Confronter des points de vue d'acteurs différents

DOC. 2

Cahier de doléances de la noblesse

La noblesse assure le Roi de son respect et de son obéissance.
Les députés de la noblesse demandent :
Art. 6 - La liberté générale et individuelle des citoyens.
Art. 7 - La liberté de la presse.
Art. 8 - L'abolition absolue des **lettres de cachet**.
Art. 10 - Que l'on assure la périodicité des États généraux.
Art. 26 - [...] Tous ses autres droits, **privilèges** et prérogatives seront conservés.

Cahier de doléances de la noblesse réunie les 16 à 19 mars 1789 à Angoulême.

DOC. 3

Cahier de doléances du clergé

Désirant donner des preuves de cet attachement qui caractérise les fidèles sujets de sa Majesté [le roi], l'ordre du clergé a arrêté d'une voix unanime :
Art. 1 - Qu'aucun impôt ne pourra être consenti que par les États généraux [et non plus le roi].
Art. 5 - La liberté des citoyens sera assurée par une loi.
Art. 7 - L'ordre du clergé ne s'oppose pas à la liberté de la presse.
Art. 8 - Le clergé renonce à ses privilèges pécuniaires. Les impôts seront également répartis entre les citoyens en fonction de leurs propriétés, fonds de commerce et industrie.

Cahier de doléances du clergé réunis le 25 mars 1789 dans l'église cathédrale d'Angoulême.

DOC. 4

Cahier de doléances du tiers état

Les députés demandent :
Art. 2 - Le retour périodique des États généraux tous les cinq ans au plus tard.
Art. 3 - Les trois ordres contribueront également et à perpétuité à tous les impôts [...].
Art. 12 - La liberté individuelle des citoyens et l'abolition des lettres de cachet.
Art. 13 - La liberté de la presse.
Art. 17 - Aux États généraux, les délibérations se feront en commun et les voix seront comptées par tête et non par ordre.

Cahier de doléances du Tiers état d'Angoulême réunis le 21 mars 1789 au couvent des Cordeliers.

?

CAPACITÉ

Confronter des points de vue d'acteurs différents

1. Identifiez les personnages représentés sur le DOC. 1. Dites, à l'oral, lequel vous semble le plus important ?
2. Complétez le tableau pour comparer les demandes de chaque ordre (DOCS 2, 3 et 4). Certaines cases peuvent rester vides.

	Noblesse	Clergé	Tiers états
Demandes politiques			
Demandes sociales			
Demandes économiques			

Raconter

3. Trois députés de chacun des ordres d'Angoulême se retrouvent la veille des États généraux. Imaginez leur discussion à l'aide de vos réponses aux questions. Enregistrez ce débat.

....

....

....

....

COURS 2

LA RÉVOLUTION EN ACTION

MÉMORISEZ

Écouter votre cours plusieurs fois vous permettra de mieux le retenir.

L'audio du cours.
liennathan.fr/a2j14x

Les acteurs et les actrices de la Révolution

Le 20 juin 1789, de nombreux députés des États généraux se révoltent et se proclament **Assemblée nationale** (DOC. 1). **Le 14 juillet 1789**, des centaines de Parisiens prennent la **prison de la Bastille** et détruisent un symbole fort de la monarchie absolue. **Les 5 et 6 octobre 1789**, ce sont des femmes qui marchent jusqu'à Versailles et obtiennent le retour du roi à Paris. **Le 10 août 1792**, les **sans-culottes** s'emparent du palais des Tuileries et réussissent à renverser la monarchie. Dans les colonies, les hommes « **libres de couleur** » demandent l'abolition de l'esclavage.

→ J'EXPÉRIMENTE 4 ET 6 - P. 58 ET 62

La Révolution française et l'invention de la citoyenneté

À partir de 1789, les Français ne sont plus des sujets : ils sont devenus **citoyens**.

La Déclaration des droits de l'homme et du citoyen permet l'affirmation de droits nouveaux. Grâce à la nouvelle **Constitution**, les Français peuvent élire des représentants à l'Assemblée qui vote les lois. La Révolution française est aussi une période d'apprentissage de la vie politique. Des nouveaux lieux de débats apparaissent, comme les **Clubs**. Les citoyens se regroupent selon leur opinion politique : le Club des Cordeliers est plus radical, le Club des Feuillants est plus modéré. Par ailleurs, la liberté de la presse permet l'apparition de nombreux journaux.

→ J'EXPÉRIMENTE 5 - P. 60

La Révolution de Saint-Domingue

La troisième révolution du XVIIIe siècle éclate à **Saint-Domingue**, riche colonie française des Antilles. Dans la nuit du 22 au 23 août 1791, une révolte d'esclaves annonce que les droits de l'homme et du citoyen ne peuvent pas être le seul privilège des colons blancs. Le soulèvement aboutit à la proclamation de l'**abolition de l'esclavage** en 1793 à Saint-Domingue. Elle se généralise à toutes les colonies l'année suivante.

C'est une rupture importante dans l'histoire de la Révolution. Elle montre la diffusion des valeurs de liberté et d'égalité. **En 1802**, lorsque Napoléon Bonaparte rétablit l'esclavage, de fortes contestations ont lieu à Saint-Domingue mais elles sont sévèrement empêchées. La guerre, menée par les troupes de Toussaint Louverture (DOC. 2) contre les armées napoléoniennes, s'achève par l'indépendance de Saint-Domingue. Haïti devient le deuxième État indépendant en Amérique en 1804.

→ J'EXPÉRIMENTE 6 - P. 62

REPÈRES

- **14 juillet 1789** Prise de la Bastille
- **5 et 6 octobre 1789** Marche des femmes sur Versailles
- **26 août 1789** Déclaration des droits de l'homme et du citoyen
- **10 août 1792** Prise des Tuileries : chute de la monarchie
- **1794** Abolition de l'esclavage dans les colonies françaises
- **1802** Rétablissement de l'esclavage par Napoléon
- **1804** Indépendance de Saint-Domingue

VOCABULAIRE & NOTIONS

- **Assemblée nationale :** assemblée, créée en 1789 et appelée aussi Assemblée constituante, chargée de rédiger une Constitution. Son rôle est ensuite d'élaborer des lois.
- **Sans-culotte :** artisan ou ouvrier portant le pantalon (et non la « culotte » comme les bourgeois et les nobles).
- **Libres de couleur :** anciens esclaves (on les appelle les affranchis) ou descendants de colons blancs et d'esclaves. Dans les colonies, ce groupe demande l'égalité juridique et politique avec les colons.
- **Citoyen :** personne disposant de droits qui lui permettent de participer à la vie politique.
- **Club :** désigne un lieu de réunion où des citoyens débattent des questions politiques.

DOC. 1

Vers une Assemblée nationale

Jacques-Louis David, *Le Serment du Jeu de Paume le 20 juin 1789*, ap.1791. Musée Carnavalet, Paris.

❶ La salle du jeu de Paume à Versailles. ❷ Bailly et d'autres députés du tiers état, prêtent serment de « ne jamais se séparer jusqu'à ce qu'une Constitution soit établie ». ❸ Des députés du clergé. ❹ Le peuple enthousiaste qui assiste à la scène.

DOC. 2

Toussaint Louverture : un ancien esclave à la tête de la révolte de Saint-Domingue

Anonyme, *Toussaint Louverture (1743-1803), chef des noirs insurgés de Saint-Domingue*, estampe du XIXe siècle. Musée de l'Armée, Paris.

Lecture active du cours

1. Qui sont les types d'acteurs importants de la Révolution représentés dans les documents 1 et 2 ?

....

....

2. Qui est Toussaint Louverture ?

....

....

3. S'il fallait retenir trois nouvelles libertés instaurées par la Révolution française, lesquelles choisiriez-vous ?

....

....

....

Synthèse

4. Construisez une phrase avec les trois idées principales du cours.

....

....

....

J'EXPÉRIMENTE

Écoutez le cours associé.
liennathan.fr/c2st06

4 Pauline Léon, une femme dans la Révolution

Exclue de la **citoyenneté**, les femmes sont pourtant des personnages importants de la Révolution. En 1789, elles marchent sur Versailles et obligent le roi à revenir à Paris. Elles participent aussi à la vie politique en se rendant dans les clubs où l'on discute, réfléchit et s'informe.

➜ **Comment les femmes, comme Pauline Léon, peuvent-elles être citoyennes sans citoyenneté ?**

REPÈRES

5 et 6 octobre 1789
Marche des femmes sur Versailles

Pauline Léon (1768-1838)
Elle est issue d'une famille d'artisans. En 1789, à 21 ans, elle participe aux évènements révolutionnaires comme la prise de la Bastille. Elle fonde, en 1793, avec Claire Lacombe un club, la « Société des citoyennes républicaines révolutionnaires ».

DOC. 1
Les femmes marchent sur Versailles le 5 octobre 1789

Caricature, anonyme, *À Versailles, À Versailles*, gravure du XVIIIe siècle, 15 x 26 cm. Musée Carnavalet, Paris.

Apprenez-en plus sur **la marche des femmes sur Versailles d'octobre 1789.**

liennathan.fr/r9u8w0

VOCABULAIRE & NOTIONS

• **Citoyenneté :** permet l'exercice de droits (droits politiques, civiques, etc.) et comporte des devoirs. Pendant la Révolution, elle peut être active (pour les hommes) et passive (pour les femmes ou les exclus du suffrage censitaire).

CAPACITÉ

▶ Situer une actrice dans son contexte et préciser son rôle dans la période considérée

DOC. 2

Les femmes collectent de l'argent dans un club

Jean-Baptiste Lesueur, *Club de femmes patriotiques*, 1791. Musée Carnavalet, Paris.

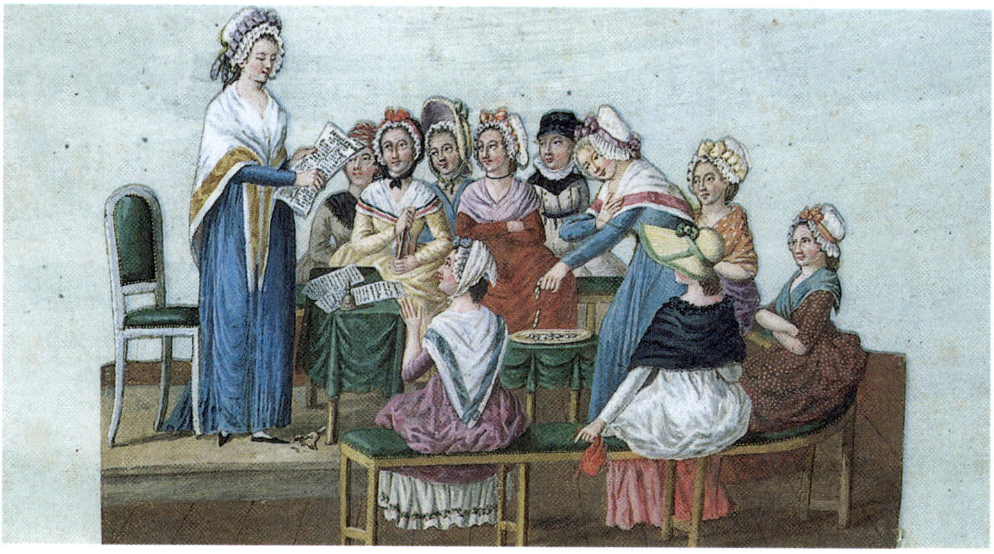

DOC. 3

Pétition de Pauline Léon à l'Assemblée au nom du Club des Citoyennes Révolutionnaires

Des femmes patriotes se présentent devant vous pour réclamer le droit qu'a tout individu de pourvoir à la défense de sa vie et de sa liberté. [...] Nous sommes citoyennes ; et le sort de la patrie ne saurait nous être indifférent. [...] Oui, Messieurs, ce sont des armes qu'il nous faut ; [...] Vous ne pouvez nous refuser [l'égalité], et la société ne peut nous ôter ce droit que la nature nous donne ; à moins que l'on ne prétende que la Déclaration des Droits n'a point d'application pour les femmes.

Pétition adressée à l'Assemblée nationale en 1792, signée par Pauline Léon et environ trois cents autres personnes.

DOC. 4

L'interdiction des clubs féminins en 1793 par l'Assemblée

Les femmes doivent-elles exercer les droits politiques, et s'immiscer dans les affaires du gouvernement ? [...] Non, parce qu'elles seraient obligées d'y sacrifier des soins plus importants auxquelles la nature les appelle. [...] Commencer l'éducation des hommes, préparer l'esprit et le cœur des enfants aux vertus publiques [...] les instruire dans le culte politique de la liberté : telles sont leurs fonctions après les soins du ménage [...]. En général les femmes sont peu capables de conceptions hautes et de méditations sérieuses.

Discours du député Amar devant la Convention nationale, 30 octobre 1793.

?

CAPACITÉ

Situer une actrice dans son contexte et préciser son rôle dans la période considérée

❶ Que font les personnages dans le document 1 ?

....

....

❷ Décrivez ce que font les femmes dans ce club (DOC. 2).

....

....

....

❸ Que demande Pauline Léon à l'Assemblée (DOC. 3) ?

....

....

....

❹ Surlignez dans le document 4 deux arguments de l'Assemblée qui s'opposent à la participation des femmes à la citoyenneté.

Raconter

❺ Vous êtes une femme révolutionnaire. Racontez une de vos expériences pendant la Révolution française.

....

....

....

....

....

....

....

J'EXPÉRIMENTE

Écoutez le cours associé.
liennathan.fr/vqv044

5 La Révolution française et l'invention de la citoyenneté

....

L'année 1789 marque la fin de la société d'ordres et de la monarchie absolue. Grâce aux nouveaux droits, énoncés dans la **Déclaration des droits de l'homme et du citoyen le 26 août 1789**, les Français deviennent des citoyens. Ce texte est rédigé par les députés de l'Assemblée nationale et accepté par le Roi.

➔ **Quels sont les nouveaux droits qui permettent l'exercice de la citoyenneté ?**

DOC. 1

La Déclaration des droits de l'homme et du citoyen de 1789

Le .... est un symbole d'égalité.

L'**allégorie** de la Loi tient dans ses mains un ....

L'allégorie de la France qui brise ....

Le .... est un symbole de la liberté car c'était le bonnet des esclaves affranchis.

La .... de chêne est un symbole de la puissance.

La .... est le symbole de la force de la nation.

Adaptation de la peinture de 1791. Musée Carnavalet, Paris.

REPÈRES

26 août 1789
Déclaration des droits de l'homme et du citoyen

DOC. 2

Scène de rue illustrant la liberté d'expression et de presse

Philibert Louis Debucourt, détail de l'*Almanach pour 1791*. Centre historique des Archives nationales.

1. Une marchande de journaux
2. Les journaux hostiles à la Révolution
3. Cocardes tricolores
4. Journaux des Clubs politiques
5. Compte-rendu des débats à l'Assemblée
6. Un couple de révolutionnaires face à un couple d'aristocrates
7. La jeunesse, des enfants déguisés en sans-culotte et en **garde nationale**.

VOCABULAIRE & NOTIONS

- **Allégorie :** représentation concrète d'une idée abstraite.
- **Garde nationale :** groupe de citoyens armés constitué en juillet 1789, chargés de protéger Paris et d'y maintenir l'ordre.

?

CAPACITÉ

Situer des documents dans leur contexte pour les expliquer

1 **Recopiez l'article du document 1 qui montre la fin d'une société d'ordres inégalitaire.**

....

....

....

2 **Observez cette représentation de la Déclaration des droits de l'homme et du citoyen (DOC. 1) puis complétez les phrases avec les mots suivants :**
• lance • des chaînes • couronne • sceptre • bonnet phrygien • triangle

3 **Identifiez les droits et libertés de la Déclaration (DOC. 1) qui sont présents dans le DOC. 2.**

....

....

....

....

....

J'EXPÉRIMENTE

Écoutez le cours associé.
liennathan.fr/584tnw

6 La Révolution de Saint-Domingue : l'abolition de l'esclavage

....

En 1789, à **Saint-Domingue**, 15 000 esclaves se révoltent contre leurs maîtres. Ils exigent la fin de la punition par le fouet et demandent davantage de repos. Cette révolte se tranforme en révolution. Elle conduit à l'abolition de l'esclavage sur l'île en 1793. En 1794, elle permet aussi l'entrée des « libres de couleur » à l'Assemblée nationale.

➔ Pourquoi la révolution de Saint-Domingue est-elle un combat pour l'égalité ?

REPÈRES

- **1794** Abolition de l'esclavage dans les colonies françaises
- **1802** Rétablissement de l'esclavage par Napoléon Bonaparte
- **1804** Indépendance de Saint-Domingue qui devient Haïti

DOC. 1
La population des Antilles en 1789

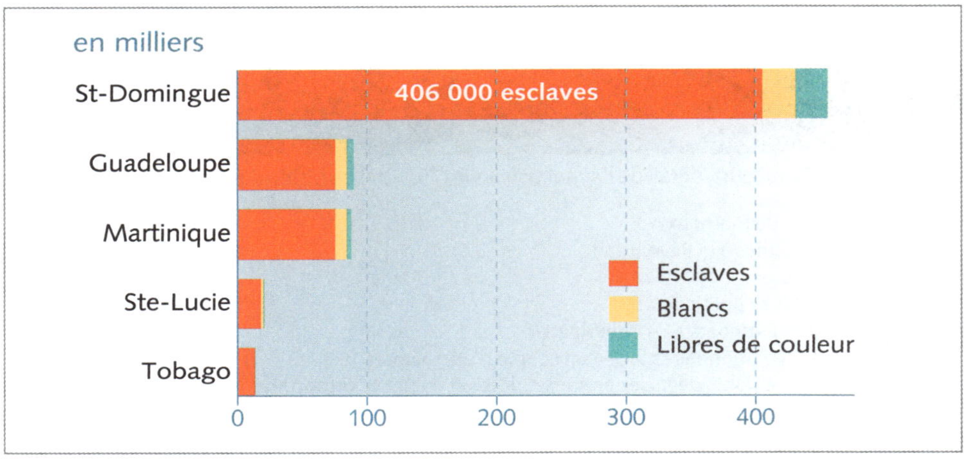

DOC. 2
La révolte des esclaves de Saint-Domingue du 23 août 1791

Anonyme, *Représentation de l'idée que, dans la colonie française de Saint-Domingue, les esclaves noirs se firent de la liberté démocratique française*, gravure, 1797. Musée d'Aquitaine, Bordeaux.

DOC. 3

Un député libre de couleur en faveur de l'abolition de l'esclavage

Anne-Louis Girodet, *Portrait de Jean-Baptiste Belley, député de Saint-Domingue*, 1797. Musée national des châteaux de Versailles et de Trianon.

DOC. 4

L'abolition de l'esclavage

La Convention déclare aboli l'esclavage des nègres dans les colonies, en conséquence, elle décrète que tous les hommes, sans distinction de couleur, domiciliés dans les colonies, sont citoyens français et jouiront de tous les droits assurés par la Constitution.

Décret de la Convention du 4 février 1794.

Apprenez-en plus sur **l'abbé Raynal.**

liennathan.fr/46ql0u

?

CAPACITÉ

Raconter la Révolution de Saint-Domingue

1 Quelles sont les trois catégories de personnes qui vivent à Saint-Domingue en 1789 (DOC. 1) ? Laquelle est majoritaire ?

....

....

....

2 Quelles sont les deux catégories de personnages sur la gravure (DOC. 2) ? Que font-ils ?

....

....

3 Dites qui est Jean-Baptiste Belley. Comment est-il représenté sur le document 3 ?

....

....

....

Raconter

4 Imaginez le discours de Jean-Baptiste Belley à la Convention pour parvenir à faire voter le décret sur l'abolition de l'esclavage (DOC. 4).

....

....

....

....

....

....

....

....

....

CONSEILS

- **Appuyez-vous sur les réponses aux questions pour raconter la Révolution.**

COURS 3

LA RÉVOLUTION EN HÉRITAGE

MÉMORISEZ

Écouter votre cours plusieurs fois vous permettra de mieux le retenir.

L'audio du cours.
liennathan.fr/71m8im

La Révolution française et la République

La Révolution française est une période de profonds changements politiques.

Le **10 août 1792**, la **monarchie constitutionnelle** est renversée par une révolte à Paris (**DOC. 1**). Louis XVI est emprisonné. La **République** est proclamée le **21 septembre**. Elle dure jusqu'en 1799. Cette période est marquée par des guerres à l'extérieur des frontières (Autriche, Prusse…) mais aussi à l'intérieur du pays (Vendée). Les révolutionnaires proclament la « patrie en danger » (**DOC. 2**).

Pour faire face aux menaces, la République suspend certaines libertés. Les gouvernements républicains se succèdent ce qui provoque une grande instabilité politique.

→ J'EXPÉRIMENTE 7 - P. 66

Des changements importants dans tous les domaines

À la suite de la **Déclaration des droits de l'homme et du citoyen** (1789), de nouveaux droits sont affirmés dans tous les domaines.

L'égalité civile est acquise : les privilèges sont abolis et la loi est devenue la même pour tous. Une nouvelle division du territoire est mise en place avec des **départements**, districts et communes. La société tout entière est transformée. La religion est séparée de la politique et on autorise, par exemple, le divorce..

→ J'EXPÉRIMENTE 8 - P. 68

Napoléon met un terme à la Révolution

En 1799, Napoléon Bonaparte prend le pouvoir par la force lors d'un coup d'État. Il souhaite stabiliser le pays après les bouleversements de dix années de Révolution. En 1804, il se déclare empereur et, dès 1804, met en place un **empire**.

C'est le temps des réformes : des **préfets** représentent l'État dans les départements afin de faire respecter l'ordre et la loi. Le **Code civil** fixe les droits et devoirs de chacun dans la société. L'instruction est réformée avec la création des **lycées**. Enfin, la **légion d'Honneur** récompense ceux qui ont rendu service à la France. Certaines de ces réformes existent encore de nos jours.

REPÈRES

- **1789-1799** Révolution française et Ire République
- **26 août 1789** Déclaration des droits de l'homme et du citoyen
- **1792** Chute de la monarchie
- **1792** Proclamation de la Ire République

ON EN PARLE AUTREMENT…

UNE BD
Grégory Jarry et Otto T., *Petite histoire de la Révolution française*, Ed. FTBLB, 2015

VOCABULAIRE & NOTIONS

- **Monarchie constitutionnelle :** régime politique dans lequel le roi a des pouvoirs limités par une Constitution.
- **République :** système de gouvernement où le pouvoir n'est pas détenu de manière héréditaire et qui s'oppose donc à la monarchie.
- **Département :** division territoriale de la France créée par la Révolution.
- **Empire :** régime politique dans lequel les pouvoirs sont concentrés entre les mains d'une seule personne. On nomme également ainsi l'ensemble des territoires contrôlés par l'empereur.

DOC. 1
La chute de la monarchie après la prise du Palais royal des Tuileries le 10 *août 1792*

Gravure hollandaise du XVIIIe siècle.

DOC. 2
La France révolutionnaire (1792-1794)

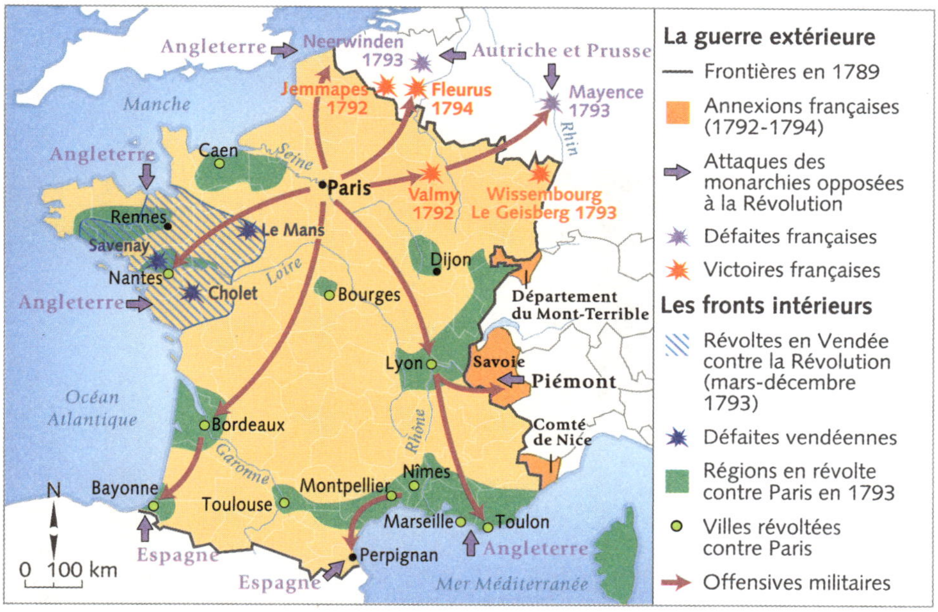

Lecture active du cours

1. Quel évènement marque la fin de la monarchie (DOC. 1) ?

   ....

   ....

2. Entourez sur le cours les trois régimes politiques dont la France fait l'expérience pendant la Révolution.

3. Quelles réformes napoléoniennes sont toujours présentes dans la société française actuelle ?

   ....

   ....

   ....

4. Nommez les pays contre lesquels la France est en guerre et les régions de guerre civile en France. (DOC. 2)

   ....

   ....

Synthèse

5. Construisez une phrase avec les 3 idées principales du cours.

   ....

   ....

   ....

J'EXPÉRIMENTE

Écoutez le cours associé.
liennathan.fr/4qq70r

7

La Révolution française et la République

....

Après le renversement du roi Louis XVI (10 août 1792) naît un nouveau régime : la **Première République**. Mais la jeune République est menacée car les oppositions sont nombreuses. En Vendée, la révolte des paysans se transforme en guerre civile. À l'extérieur, les monarchies voisines déclarent la guerre à la France.
Dans ce contexte de « patrie en danger », des mesures révolutionnaires sont prises.

➔ **Comment construire la République en Révolution ?**

REPÈRES

- **10 août 1792** Chute de la monarchie en France
- **21 septembre 1792** Proclamation de la Ire République

DOC. 1 Les acteurs de la Révolution

▸ Les sans-culottes

Les sans-culottes sont très actifs sous la Révolution. Ils se révoltent le .... et demandent la chute de la monarchie. Ils font pression sur la Convention. Le 21 janvier 1793, ils assistent à ....

▸ Robespierre

Avocat et député montagnard à la Convention, il est partisan d'une « république révolutionnaire ». Avec d'autres membres du Comité de Salut Public, il pense que la République doit prendre des mesures sociales comme
....

DOC. 2 Les instruments de la politique

▸ La Convention

Assemblée législative divisée entre les députés républicains favorables à l'égalité sociale (« Montagnards ») et les députés plus modérés (« Girondins »).

▸ Le Comité de Salut public

Comité du gouvernement composé d'une dizaine de députés de la Convention. Il est principalement dominé par les « Montagnards ». Il est supprimé en 1795.

▸ La Constitution

La Constitution de la Première République (1793) ne sera jamais appliquée.Cette période est marquée par des mesures exceptionnelles de suspension des libertés.

CAPACITÉ

▸ Construire une argumentation historique

DOC. 3

L 'exécution du roi sur la Place de la Révolution, le 21 janvier 1793

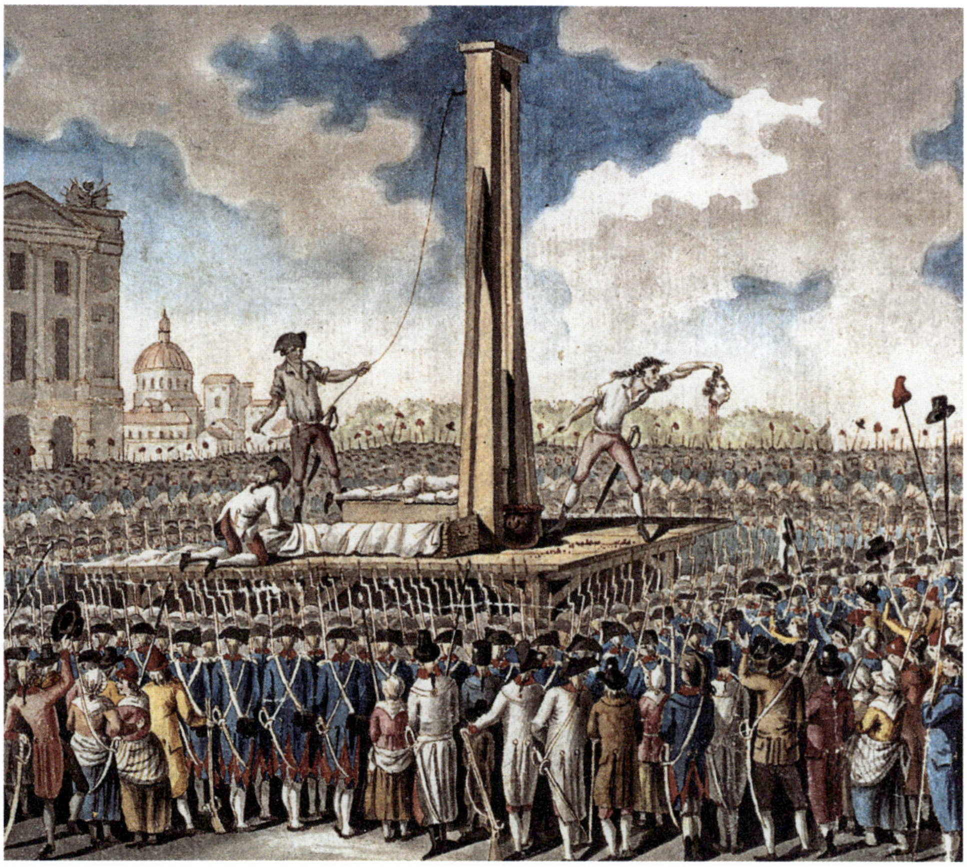

Anonyme, *La Fin tragique de Louis XVI*, estampe de 1793. Musée Carnavalet, Paris.

DOC. 4

Un décret pour les citoyens les plus pauvres

Art. 1 - Toutes les communes de la République dresseront un état des patriotes indigents qu'elles renferment avec leurs noms, leur âge, leur profession, le nombre et l'âge de leurs enfants. [...]

Art. 2 - Lorsque le Comité de salut public aura reçu ces états, il fera un rapport sur les moyens d'indemniser tous les malheureux avec les biens des ennemis de la révolution.

Rapport présenté par Saint-Just au nom du Comité de salut public à la Convention le 13 ventôse an II (3 mars 1794).

VOCABULAIRE & NOTIONS

- **Décret :** texte de loi réalisé par l'exécutif.
- **Patriote :** désigne les Français qui vont lutter pour la « patrie en danger » menacée à l'extérieur et à l'intérieur.

?

CAPACITÉ

Construire une argumentation historique

1. Décrivez l'évènement représenté sur le document 3.

....

....

....

2. Surlignez les deux objectifs du décret (DOC. 4).
3. Complétez les textes sur les personnages (DOC. 1).
4. De quelle manière la République s'est-elle construite ? Expliquez en quelques lignes.

....

....

....

....

....

J'EXPÉRIMENTE

Écoutez le cours associé.
liennathan.fr/03gan9

8 Des changements dans tous les domaines

La Révolution française apporte des changements importants dans le quotidien des Français. Les principes de **liberté** et d'**égalité** sont au cœur des grandes mesures prises entre 1789 et 1799. La France change et se modernise progressivement. La plupart de ces nouveautés sont encore présentes dans la société actuelle.

➔ **Comment appliquer l'égalité et la liberté dans la vie quotidienne ?**

REPÈRES

- **1789-1799** Révolution française et Ière République
- **26 août 1789** Déclaration des droits de l'homme et du citoyen
- **1794** Abolition de l'esclavage dans les colonies françaises

DOC. 1

Les départements : un nouveau découpage du territoire (1790)

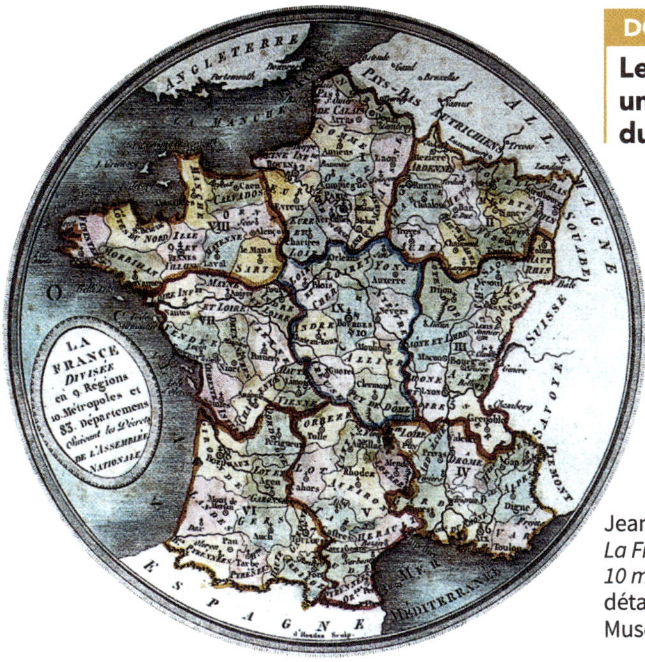

Jean Houdan, *La France divisée en 9 régions, 10 métropoles et 83 départements*, détail d'une gravure de 1791. Musée Carnavalet, Paris.

DOC. 2

Le calendrier républicain : un nouveau découpage du temps (1793)

Dans ce calendrier, tous les mois comptent 30 jours. Ils sont divisés en 3 semaines de 10 jours chacune appelée décade. Les mois et les jours sont rebaptisés : Lundi devient Primidi et la période Janvier-Février Pluviôse par exemple. Les années ne sont plus comptées en fonction de la naissance de Jésus mais en fonction de la naissance de la République. L'année 1792 est l'an I, 1793 l'an II, etc.

CAPACITÉ

▶ Questionner des documents pour conduire une analyse historique

DOC. 3

De nouveaux droits, de nouvelles libertés

Jean-Démosthène Dugourc, *Nouvelles cartes de la République française : plus de rois de dames de valets : le génie, la liberté, l'égalité les remplacent*, estampe, 1793. Bibliothèque nationale de France, Paris.

?

CAPACITÉ

Questionner des documents pour conduire une analyse historique

1 Comment l'égalité est-elle appliquée sur le territoire français (DOC. 1) ?

....

....

2 Comment l'égalité est-elle appliquée dans le découpage du temps (DOC. 2) ?

....

....

3 Identifiez et classez les nouveaux droits et principes introduits par la Révolution.

....

....

....

....

HISTO-ART

La Révolution à travers le cinéma

Le réalisateur, Pierre Schoeller revisite la Révolution dans un film de fiction, *Un peuple et son roi*.

➔ Comment le film met-il en scène la Révolution française ?

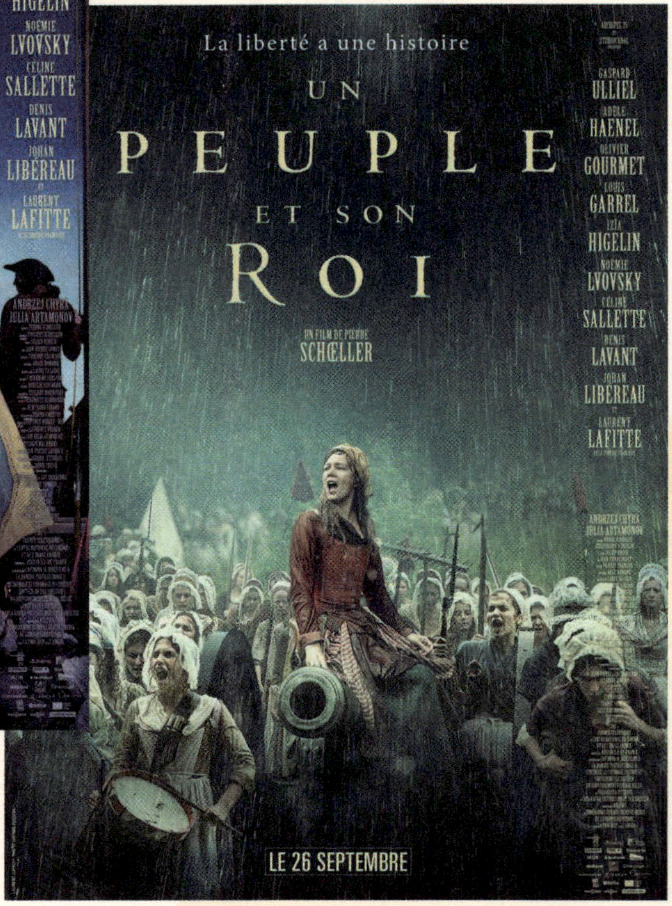

Un peuple et son roi, deux affiches du film.

FICHE D'IDENTITÉ

- **Titre :** *Un peuple et son roi*
- **Durée :** 2 h 02
- **Nationalité :** France
- **Année :** 2018
- **Genre :** Drame historique
- **Réalisateur :** Pierre Schoeller
- **Acteurs et actrices :** Gaspard Ulliel, Adèle Haenel, Olivier Gourmet, Louis Garrel, Izïa Higelin, Laurent Lafitte...

VOCABULAIRE & NOTIONS

- **Plongée :** au cinéma, quand le cadrage (prise de vue) est situé au-dessus du sujet.
- **Plan rapproché :** au cinéma, quand la prise de vue est au niveau de la poitrine et de la taille.
- **Gros plan :** au cinéma, quand la prise de vue est centrée sur un petit élément (visage, mains, etc.).

CAPACITÉ

▶ Questionner une œuvre d'art pour construire une analyse historique

Méthode

ÉTAPE 1 ANALYSER LES AFFICHES

1. Quel est le sujet du film ?

....

2. Qui sont les personnages représentés sur les deux affiches ?

....

....

3. D'après vous, quelle affiche semble davantage correspondre au titre ?

....

....

....

....

ÉTAPE 2 COMPARER LES SCÈNES DU FILM

Vous pouvez visionner la bande annonce officielle sur Internet.

A. Des députés de l'Assemblée nationale débattent pendant l'été 1789.

B. Les femmes en route pour Versailles, le 5 octobre 1789.

C. Louis XVI signe, en octobre 1789, la Déclaration des droits de l'homme et du citoyen du 26 août 1789.

D. La veille du 10 août 1792, les sections des sans-culottes de Paris se révoltent contre le roi.

1. Où se déroulent les différentes scènes ?

A. *Il s'agit d'une scène de débat à l'Assemblée à Versailles.*

B. ....

C. ....

D. ....

2. Qui sont les personnages représentés ?

A. ....

....

B. ....

....

C. ....

....

D. *Les lumières dans les rues de Paris représentent le peuple de Paris révolté (les sans-culottes).*

3. De quel événement s'agit-il ?

A. ....

....

B. ....

....

C. *Le roi signe la Déclaration des droits de l'homme et du citoyen rédigée le 26 août 1789.*

D. ....

....

4. Comment est représentée la scène ?

A. ....

B. *On voit l'ensemble des personnages de loin : c'est un plan d'ensemble.*

C. ....

D. ....

MÉTHODE

Présenter un document, en dégager l'intérêt et en montrer les limites

DOC

Les insurgés parisiens demandent la chute de la monarchie à l'Assemblée le 10 août 1792

1 Louis XVI et sa famille réfugiés à l'Assemblée.
2 Des membres de l'Assemblée.
3 Des insurgés : sans-culottes parisiens et d'ailleurs.
4 Les demandes des insurgés.
5 Des coffres de la famille royale sont un signe de corruption.

François Gérard, *Le 10 août 1792*, dessin à la plume, 1794. Musée du Louvre, Paris.

ÉTAPE 1

• Présenter les documents

Voir méthode p.40.

Réponse. Le doc. 1 est un dessin à la plume intitulé *Le 10 août 1792*. Cela représente une journée importante de la Révolution qui aboutit à la fin de la monarchie. Il a été réalisé par François Gérard, peintre français de la Révolution en 1794. Le dessin est conservé au musée du Louvre, à Paris.

ÉTAPE 2

• Dégager l'intérêt du document

a. Qui sont les personnages représentés ? Que font-ils ?

Réponse. Après la prise des Tuileries, des insurgés demandent la déchéance du roi auprès de l'Assemblée. Le roi et sa famille sont réfugiés derrière les députés de l'Assemblée, qui sont obligés d'accepter les demandes des sans-culottes.

b. Quelles sont les attitudes des personnages ? Comment l'artiste représente-t-il l'agitation ?

Réponse. L'agitation des insurgés s'oppose à l'accablement des membres de l'Assemblée. Les insurgés désignent du doigt la famille royale cachée derrière les barreaux.
Ce mouvement des corps est accentué par la lumière qui trace une diagonale du peuple vers le roi.

ÉTAPE 3

• Montrer les limites du document

a. Le dessin est-il réalisé à la même époque que l'évènement représenté ?

Réponse. Le dessin est réalisé deux après l'évènement représenté, en 1794. À cette époque, le régime en place est la République. Le but du dessin est de rappeler la chute de la monarchie.

b. L'artiste est-il favorable ou hostile à l'évènement représenté ?

Réponse. L'artiste est favorable à l'évènement représenté car il met en valeur le peuple et la corruption de la famille royale avec des coffres au premier plan.

Appliquer la méthode

Présentez le document et dégagez-en l'intérêt et les limites.

DOC

L'abolition de l'esclavage par la Convention le 4 février 1794

Le 4 février 1794, l'esclavage est aboli par un vote à la Convention dans un contexte de révolution dans les colonies (Saint-Domingue). Cette décision suscite une vive émotion.

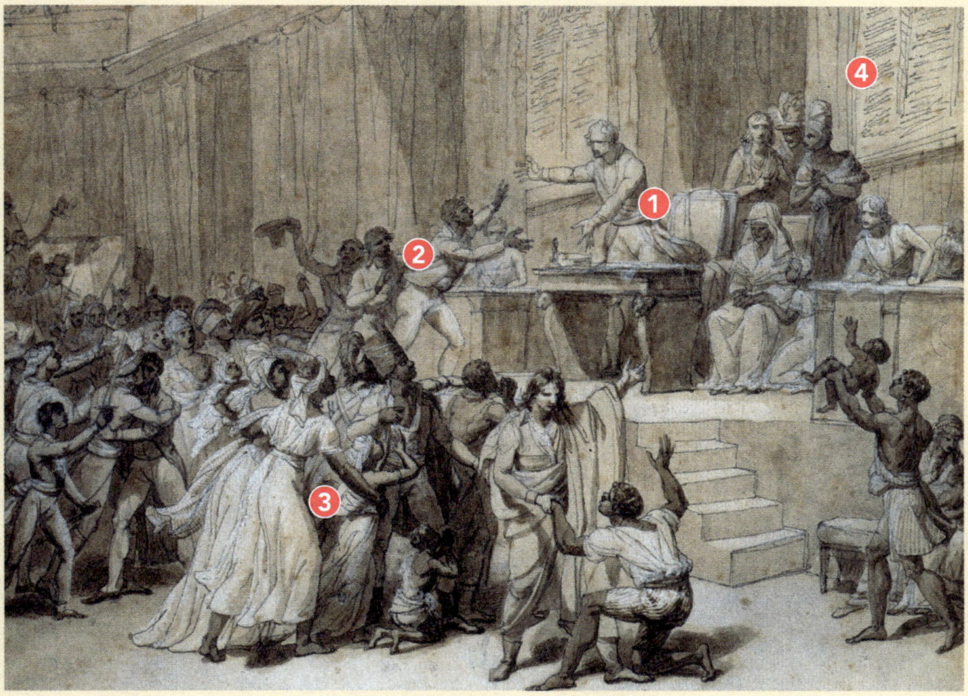

Nicolas André Monsiau, *L'Abolition de l'esclavage par la Convention, le 16 pluviôse an II / 4 février 1794*, dessin à la plume de 1794. Musée Carnavalet, Paris.

1. Le président de la Convention vient de lire le décret de l'abolition.
2. Des députés libres de couleurs (Jean-Baptiste Belley).
3. Des anciens esclaves.
4. *La Déclaration des droits de l'homme et du citoyen*.

REPÈRES

- **1793** Abolition de l'esclavage à Saint Domingue
- **1794** Abolition de l'esclavage dans les colonies
- **1802** Rétablissement de l'esclavage par Napoléon

ÉTAPE 1

• Présenter le document

....

....

....

ÉTAPE 2

• Dégager l'intérêt du document

a. Qui sont les personnages représentés ? Que font-ils ?

....

....

....

b. Quelles sont les attitudes des personnages ? Comment l'artiste représente-t-il l'agitation ?

....

....

....

ÉTAPE 3

• Montrer les limites du document

a. L'artiste est-il réaliste ? Identifiez si les vêtements correspondent à la saison de l'année.

....

....

....

....

....

....

b. Pendant combien de temps l'esclavage est-il aboli en France ?

....

....

....

....

....

....

JE RETIENS AUTREMENT

Les repères du Thème 2

Une **frise chronologique** est un outil pour **se repérer dans le temps** et pour **comprendre les évolutions** durant une période donnée.
C'est une ligne qui représente le temps avec une flèche. Une fois complétée, elle permet de **situer des événements les uns par rapport aux autres**.

Retrouvez les dates des repères chronologiques étudiés dans ce thème puis complétez la frise chronologique. Aidez-vous de l'exemple et des propositions suivantes. Attention, elles sont dans le désordre.

- .... ▶ Abolition de l'esclavage dans les colonies françaises
- .... ▶ Chute de la monarchie en France
- .... ▶ Constitution des États-Unis d'Amérique
- .... ▶ Déclaration des droits de l'homme et du citoyen
- .... ▶ Déclaration d'indépendance des États-Unis
- .... ▶ *Encyclopédie* de Diderot et d'Alembert
- .... ▶ Guerre d'indépendance des États-Unis d'Amérique
- .... ▶ Indépendance de Saint-Domingue qui devient Haïti
- .... ▶ Proclamation de la République en France
- *1789-1799* ▶ Révolution française et Première République

Échelle : 1 carreau = 2 ans

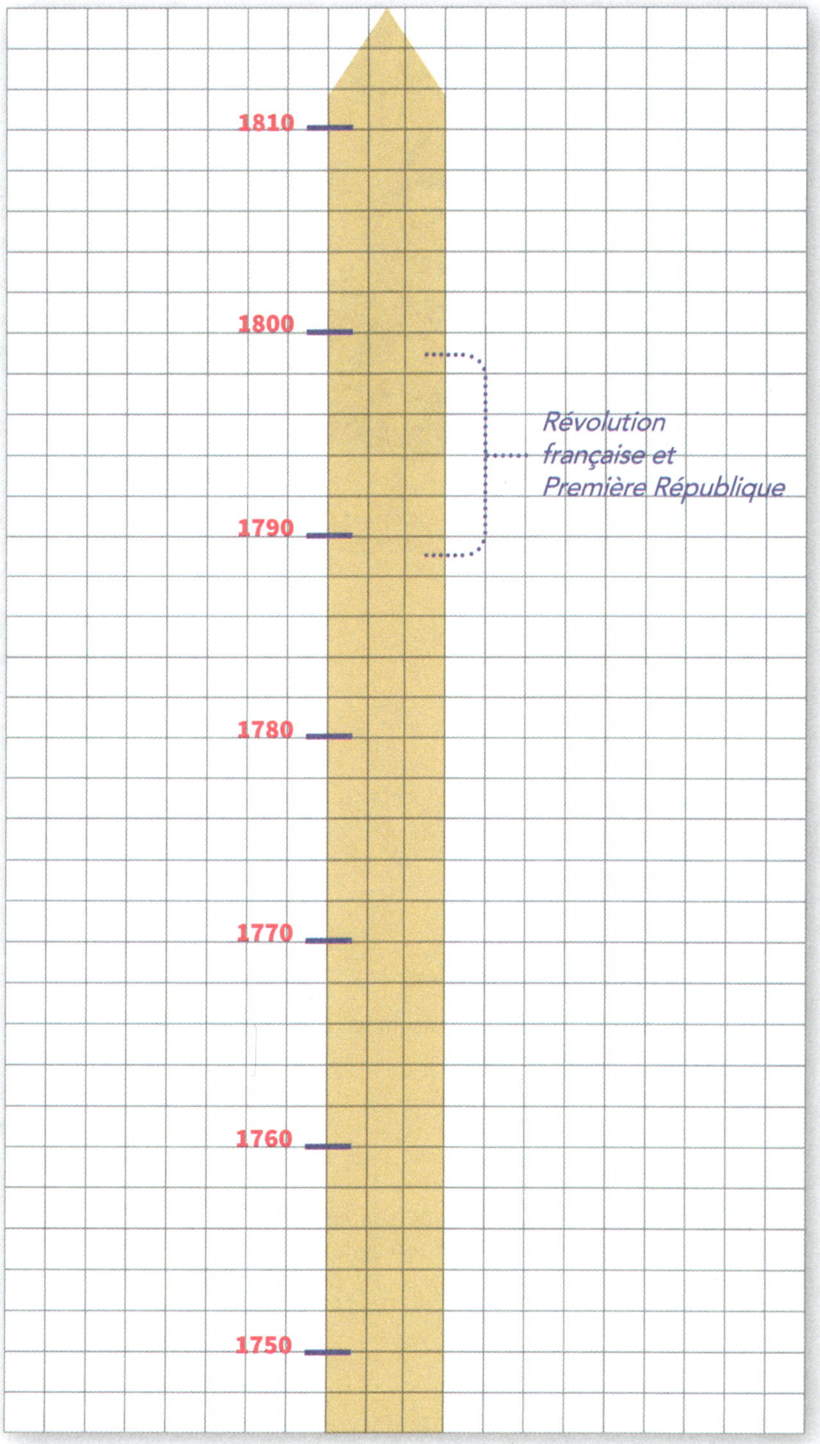

JE RETIENS AUTREMENT

Les notions du Thème 2

Une **carte mentale** permet d'organiser sa pensée et ses connaissances. Elle s'organise autour d'une **idée générale** et se divise en **idées secondaires** de plus en plus précises et en **exemples**. Les **couleurs** permettent de classer les informations sur le même thème pour mieux les retenir.

Complétez la carte mentale avec les notions étudiées dans ce thème. Aidez-vous des cases déjà remplies et des propositions suivantes qui peuvent être utilisées plusieurs fois.

▸ Citoyens ▸ Constitution ▸ Droits de l'homme et du citoyen ▸ Indépendance ▸ République

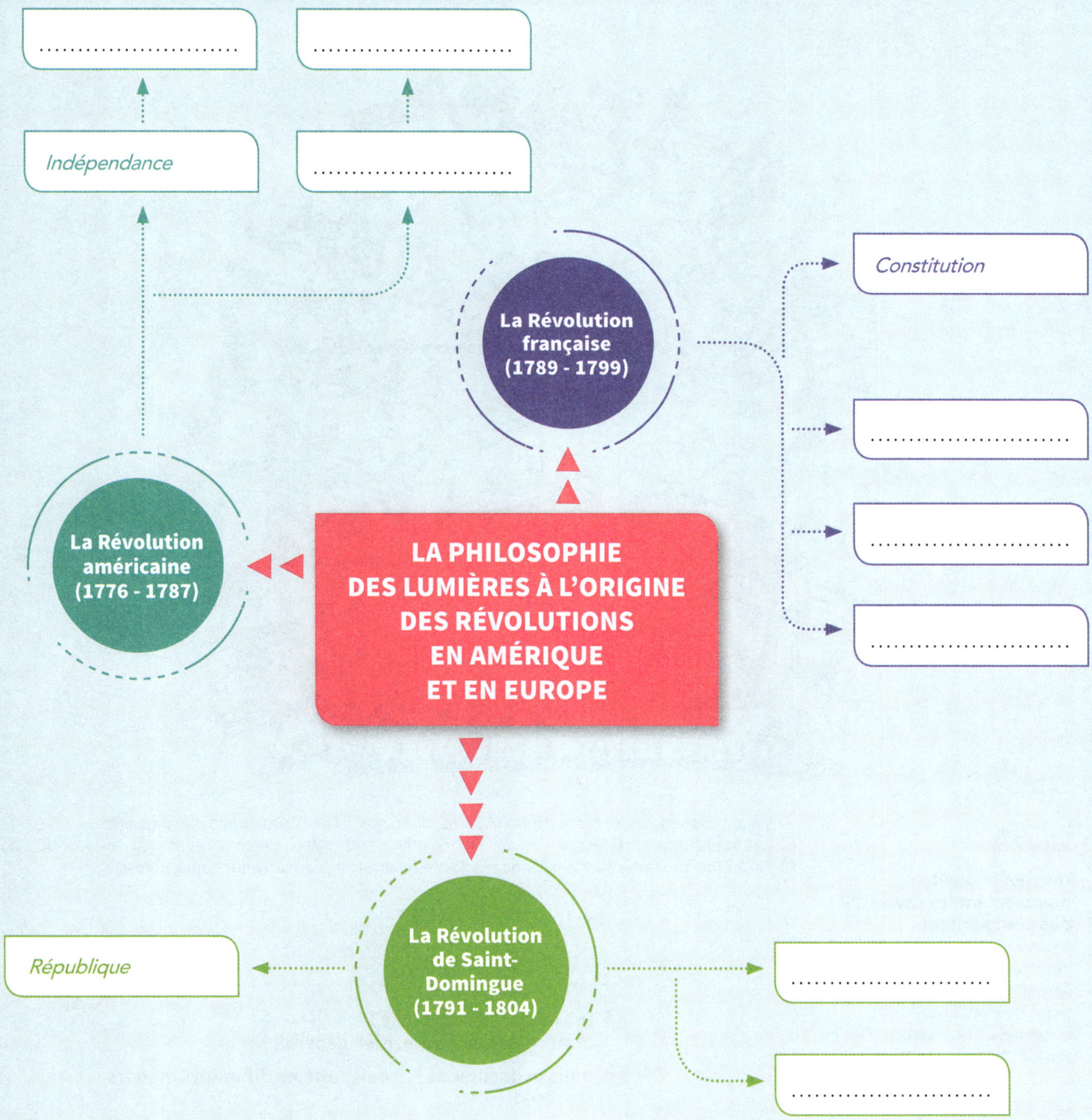

Thème 3

MÉTIERS, COMPAGNONS, COMPAGNONNAGE ET CHEF-D'ŒUVRE (XIXe siècle)

Le **compagnonnage** est un des plus anciens systèmes de formation professionnelle français. C'est une branche du mouvement ouvrier qui se structure et s'organise au XIXe siècle. Il perdure jusqu'à nos jours mais son histoire est mouvementée.

➔ **Comment le compagnonnage s'organise-t-il au XIXe siècle ? Pourquoi est-il un système de formation original ?**

D'hier…

1 Un compagnon avec sa canne débutant le Tour de France 2 Le travail du jardinier-paysagiste 3 Le travail du maréchal-ferrant 4 Saint Éloi, au centre, est le patron des compagnons 5 Le travail du maçon 6 Fin du Tour de France avec le pèlerinage à Sainte-Baume (Var), lieu sacré du compagnonnage.

DOC. 1

Un chef-d'œuvre représentant les savoir-faire des compagnons.
Anonyme, *Treize scènes de compagnonnage*, enseigne de maréchal-ferrant en forme de fer à cheval, 1878.
Musée des Civilisations de l'Europe et de la Méditerranée (Marseille).

?

1. **Présentez le document 1 (nature, auteur, date, idée générale).**
2. **Dans le document 1, quels sont les différents métiers représentés ?**

Capacités travaillées

- Raconter la réception d'un compagnon dans une société compagnonnique, **p. 80**
- Décrire le Tour de France d'un compagnon à partir de mémoires, **p. 82**
- Rechercher sur Internet des informations sur une filière professionnelle, **p. 84**

Les ressources du thème

- La vidéo du thème, **p. 76**
- L'audio du cours, **p. 78**

Regardez la vidéo du thème.
liennathan.fr/6d9o7g

...à aujourd'hui

DOC. 2

Le chef-d'œuvre : une tradition ancienne qui se poursuit aujourd'hui

Photographie d'un chef-d'œuvre réalisé par un Compagnon charpentier des Devoirs du Tour de France (2018).

Ça me concerne

3. Pourquoi ces documents ont-ils été choisis pour illustrer ce thème ?
4. Que pensez-vous savoir sur ce thème avant de l'étudier ?

COURS

MÉTIERS, COMPAGNONS, COMPAGNONNAGE ET CHEF-D'ŒUVRE (XIXe siècle)

MÉMORISEZ

Écouter votre cours plusieurs fois vous permettra de mieux le retenir.

L'audio du cours. liennathan.fr/y96h4b

La formation du compagnonnage

Depuis le Moyen Âge, des **compagnons** forment des apprentis plus jeunes et leur enseignent des « **devoirs** » avec parfois une éducation religieuse.

Des corporations sont alors créées. Ce sont des « communautés de métiers » liées au travail artisanal : maçons, charpentiers, tailleurs de pierre, maréchaux-ferrants, forgerons, cordonniers, tapissiers, boulangers...

Ces associations ouvrières sont interdites à la fin du XVIIIe siècle au moment de la Révolution française. Mais elles existent discrètement et offrent une certaine protection aux ouvriers. En 1803, Napoléon Bonaparte crée le **livret ouvrier** (**DOC. 1**). Ouvriers et compagnons sont désormais contrôlés.

Au XIXe siècle, le **compagnonnage** est aussi affaibli par les rivalités entre chaque société (Compagnons du Devoir, Compagnons du Devoir de Liberté, Compagnons des Devoirs Unis) qui se font concurrence. Mais grâce à la liberté syndicale acquise en 1884, les sociétés de compagnons s'organisent finalement en une seule « Union compagnonnique des Compagnons du Tour de France des devoirs unis » en **1889**. À la fin du XIXe siècle, le compagnonnage a certes perdu sa puissance mais il s'est réorganisé.

→ J'EXPÉRIMENTE 1 - P. 80

Le Tour de France des compagnons

Les compagnons forment une communauté humaine et professionnelle.

Un compagnon est associé à une identité qui est marquée par des symboles, des fêtes, des récits légendaires... Depuis la création de la première **cayenne** en **1804** par les « Compagnons charpentiers du devoir de liberté », les compagnons organisent des assemblées régulières où ils prennent des décisions et accueillent les nouveaux membres. Les « devoirs » accueillent les aspirants compagnons qui réalisent leur Tour de France pour se perfectionner et être reçus compagnons. En **1840, l'écrivaine George Sand** raconte comment les compagnons sont formés (**DOC. 2**). À la fin du **Tour de France**, les compagnons réalisent un **chef-d'œuvre** qui est évalué par les autres compagnons. Ce chef-d'œuvre révèle les qualités techniques et les qualités humaines du compagnon qui prouvent qu'il connaît son métier. Certains chefs-d'œuvre sont exposés lors des **Expositions universelles**.

→ J'EXPÉRIMENTE 2 - P. 82

REPÈRES

- **1803** Instauration du livret ouvrier
- **1804** Création de la cayenne des Compagnons charpentiers du Devoir de Liberté
- **1840** George Sand, *Le Compagnon du Tour de France*
- **1889** Création de l'Union compagnonnique des Compagnons du Tour de France des devoirs unis

VOCABULAIRE & NOTIONS

- **Compagnon :** ouvrier ou artisan qui a terminé son apprentissage au sein du compagnonnage.
- **Devoirs :** ensemble de textes datant du Moyen Âge décrivant les obligations et le fonctionnement des corporations de maçons et de bâtisseurs.
- **Compagnonnage :** système de transmission de connaissances et de formation à un métier, c'est aussi l'association d'ouvriers ou d'artisans de ce corps de métier.
- **Cayenne :** lieu d'assemblée des compagnons et de réception des nouveaux compagnons.
- **Tour de France :** voyage qui permet la découverte des techniques et des expériences pour approfondir un métier et devenir compagnon.
- **Chef-d'œuvre :** ouvrage qu'il faut réaliser pour obtenir le titre de « Compagnon du Tour de France » et être reçu dans une société de compagnonnage.
- **Exposition universelle :** grande manifestation commerciale et culturelle, à caractère international, organisée dans les grandes villes du monde.

DOC. 1
Un livret pour contrôler les ouvriers

Livret délivré à un ouvrier pâtissier par la préfecture de police de Paris, 1868.

Il s'agit d'un document officiel qui contrôle les déplacements, les horaires et le comportement des ouvriers.

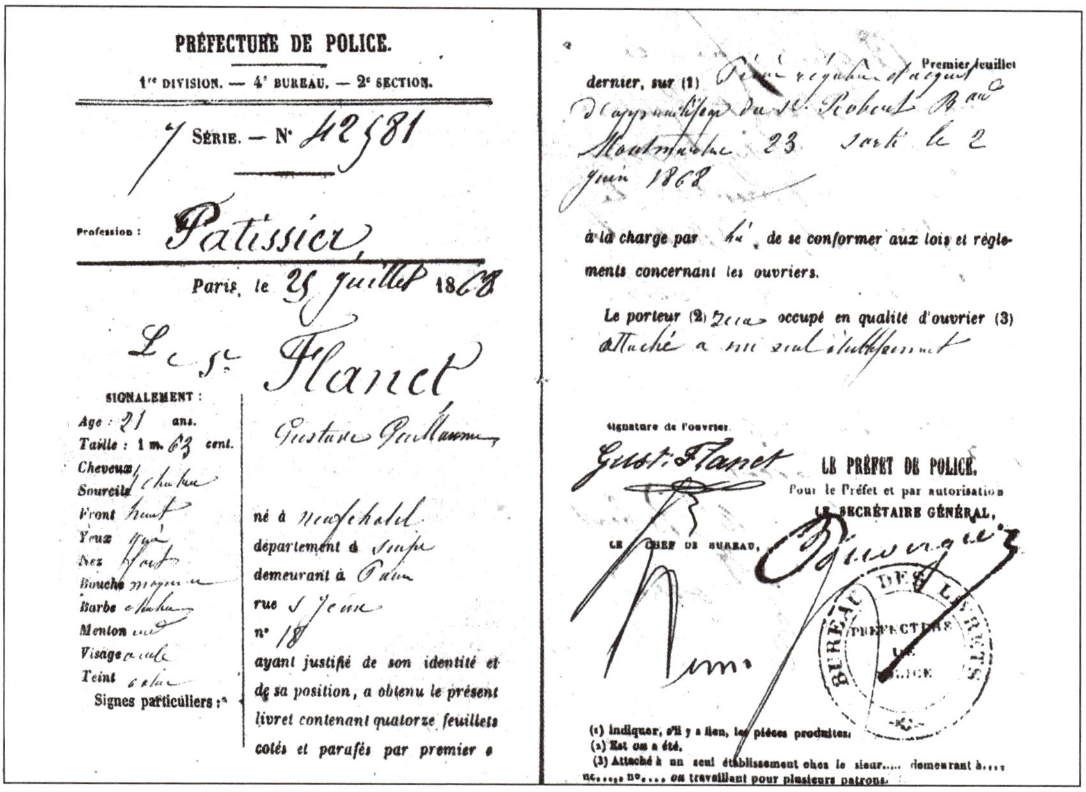
PRÉFECTURE DE POLICE.

1re DIVISION. — 4e BUREAU. — 2e SECTION.

7 SÉRIE. — N° 42581

Profession : Patissier

Paris, le 25 juillet 1868

Le Sr Flanet Gustave Guillaume

SIGNALEMENT :
Age : 21 ans.
Taille : 1 m. 63 cent.
Cheveux / Sourcils chatain
Front haut
Yeux gris
Nez fort
Bouche moyenne
Barbe chatain
Menton rond
Visage ovale
Teint coloré
Signes particuliers :

né à Neufchatel
département de Seine
demeurant à Paris
rue St Jean
n° 18
ayant justifié de son identité et de sa position, a obtenu le présent livret contenant quatorze feuillets cotés et parafés par premier et

dernier, sur (1) Premier feuillet ...

à la charge par lui de se conformer aux lois et règlements concernant les ouvriers.

Le porteur (2) ... occupé en qualité d'ouvrier (3) attaché à un seul établissement

Signature de l'ouvrier : Gust. Flanet

LE PRÉFET DE POLICE.
Pour le Préfet et par autorisation
LE SECRÉTAIRE GÉNÉRAL,

LE CHEF DU BUREAU,

BUREAU DES LIVRETS — PRÉFECTURE DE POLICE

(1) Indiquer, s'il y a lieu, les pièces produites.
(2) Est ou a été.
(3) Attaché à un seul établissement chez le sieur..... demeurant à..., rue..., n°..., ou travaillant pour plusieurs patrons.

DOC. 2
L'écrivaine George Sand décrit le départ d'un compagnon pour le Tour de France

Pierre Huguenin, le fils du maître menuisier, [...] voulut en savoir plus sur son temps et sur son pays, que ce qu'il pouvait apprendre dans sa famille et dans son village. Il fut saisi à dix-sept ans de l'ardeur voyageuse [...] qu'on appelle le Tour de France [avec] l'ambition noble d'acquérir du talent dans sa profession. [...] Il avait résolu d'étudier le trait, c'est-à-dire le dessin linéaire applicable à l'architecture, à la charpenterie et à la menuiserie. Il avait donc demandé à son père la permission et les moyens de faire son Tour de France. Mais il avait rencontré un grand obstacle. [...] Le père Huguenin avait aussi la plus mauvaise opinion des initiations mystérieuses du compagnonnage. Il prétendait que toutes ces sociétés secrètes d'ouvriers réunis sous différents noms en Devoirs n'étaient que des associations de bandits ou de charlatans.

George Sand (1804-1876), *Le Compagnon du Tour de France*, 1840.

?

Lecture active du cours

1. **Quand apparaissent les premières communautés de métiers ?**

....

....

2. **Qu'est-ce que le Tour de France ?**

....

....

3. **Quelle raison pousse un jeune à partir pour le Tour de France au XIXe siècle ?**

....

....

4. **Qu'est-ce qu'un chef-d'œuvre ?**

....

....

....

5. **Entourez sur le document 1 les éléments qui montrent que les ouvriers sont contrôlés au XIXe siècle.**

J'EXPÉRIMENTE

Écoutez le cours associé.
liennathan.fr/ev39c9

1 La formation du compagnon

....

Au terme de sa formation, après avoir réalisé son Tour de France et son chef-d'œuvre, le compagnon est reçu dans la société compagnonnique. Cela marque son entrée dans une communauté de **métiers**.

➔ **Comment le compagnonnage permet-il au compagnon d'être reçu dans une communauté de métiers ?**

1 ....

2 ....

3 ....

4 ....

5 ....

6 ....

DOC. 1

La réception d'un compagnon dans une société compagnonnique
Anonyme, *Tableau de réception de compagnon*, lithographie de 1843. Musée Gadagne (Lyon).

Dans l'ancienne abbaye Saint-Julien de Tours, le musée du Compagnonnage, présente des chefs-d'œuvre collectifs de compagnons du XIXe siècle. Certains d'entre eux étaient présentés aux Expositions universelles.

REPÈRES

- **1803** Instauration du livret ouvrier
- **1804** Création de la cayenne des Compagnons charpentiers du Devoir de Liberté
- **1889** Création de l'Union compagnonnique des Compagnons du Tour de France des devoirs unis

VOCABULAIRE & NOTIONS

• **Métier :** désigne une profession et une activité manuelle ou mécanique nécessitant l'acquisition d'un savoir-faire spécifique.

CAPACITÉ

▸ Raconter la réception d'un compagnon dans une société compagnonnique

DOC. 2

Le compagnon

Le compagnon est reconnaissable à sa canne et son habit (rubans aux couleurs de son « devoir »). La gourde tenue par son chien rappelle la fin du Tour de France. Il peut alors « être reçu » dans la société de compagnons.

DOC. 3

La cayenne

Les compagnons se réunissent en « cayenne ». Ce sont des lieux de réunions entre « frères ». Cependant, avant 1889, les sociétés de compagnonnage sont fortement divisées et rivales.

DOC. 4

Une devise

Au XIXe siècle, les sociétés de compagnons subsistent dans la discrétion. C'est pour cela que les devises sont cachées. Ici « U.V. » sont les initiales d'« Union et Valeur » et « G.T. » les initiales de « Génie et Travail ».

DOC. 5

La hache

DOC. 6

Le compas

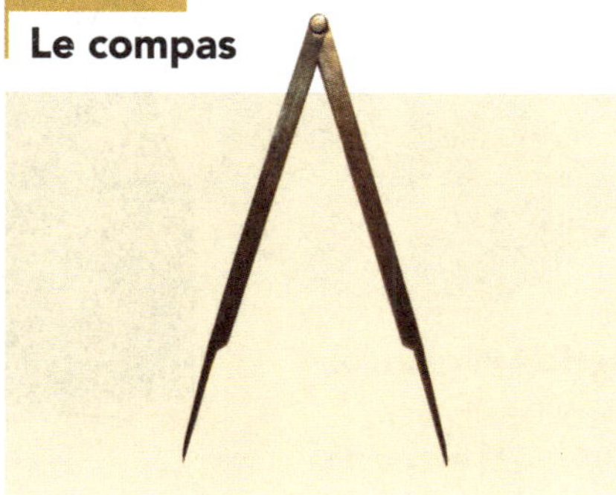

DOC. 7

Le rabot

Analyser le document

1. Complétez le document 1 à l'aide des documents 2, 3, 4, 5, 6 et 7.

CAPACITÉ

Raconter la réception d'un compagnon dans une société compagnonnique

Au terme de son Tour de France, un compagnon est reçu dans sa société compagnonnique. Préparez votre texte en répondant aux questions suivantes sur le document 2, puis rédigez votre récit au brouillon.

2. À quoi voit-on que le personnage central est reçu comme compagnon ?

....

....

3. Quel métier est mis en valeur dans ce document ? Justifiez votre réponse.

....

....

4. Comment les devises montrent-elles la qualité de la formation des compagnons ?

....

....

J'EXPÉRIMENTE

Écoutez le cours associé.
liennathan.fr/a2al33

2 Le Tour de France des compagnons

En 1840, l'écrivaine George Sand s'inspire de la vie d'Agricol Perdiguier pour écrire *Le Compagnon du Tour de France*. Agricol Perdiguier a raconté lui aussi son expérience du compagnonnage et du Tour de France.

➔ **Comment le Tour de France permet-il de compléter la formation du Compagnon ?**

REPÈRES

- **1804** Création de la cayenne des Compagnons charpentiers du Devoir de Liberté
- **1840** George Sand, *Le Compagnon du Tour de France*
- **1889** Création de l'Union compagnonnique des Compagnons du Tour de France des devoirs unis

DOC. 1 Un compagnon et son chef d'œuvre

▸ **Agricol Perdiguier**
Agricol Perdiguier (1805-1875) est ouvrier menuisier. Il est partisan de l'instruction des ouvriers et de l'unification des Compagnons du devoir.

▸ **Un chef-d'œuvre**
À la fin de son Tour de France, Agricol Perdiguier réalise son « chef-d'œuvre ». Il s'agit d'une maquette en noyer d'un escalier hélicoïdal.

DOC. 2 Le Tour de France d'Agricol Perdiguier

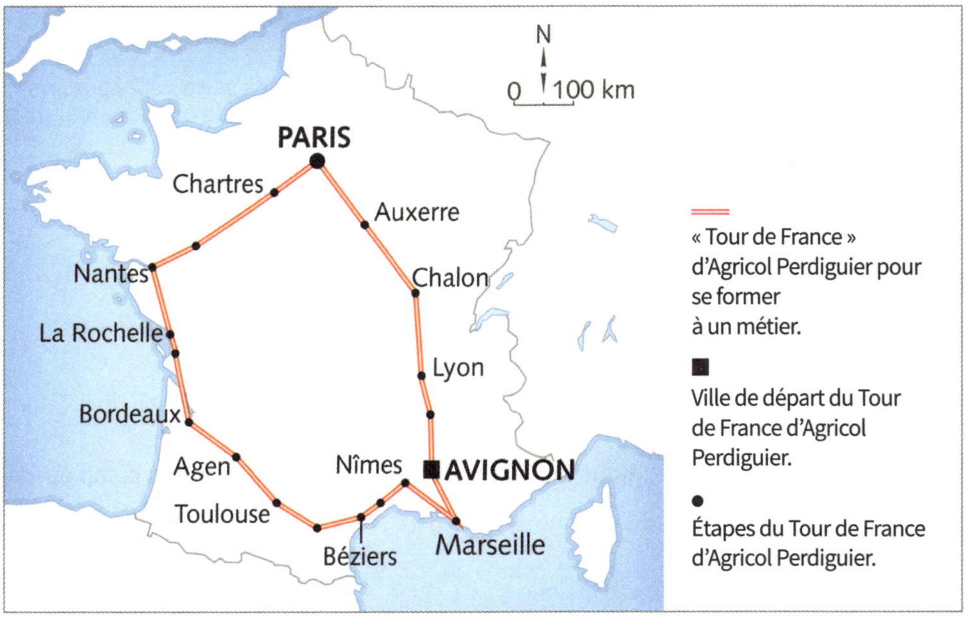

VOCABULAIRE & NOTIONS

- **Fraternité :** valeur importante du compagnonnage et qui fait référence au sentiment d'appartenance à la même communauté.

CAPACITÉ

▸ Décrire le Tour de France d'un compagnon à partir de mémoires

DOC. 3

Agricol Perdiguier raconte son Tour de France en partant d'Avignon

Étant parti d'Avignon en 1824, ayant passé par Marseille, Montpellier, Bordeaux, Nantes, etc. J'avais alors vingt ans. [...] Nous marchons, nous avançons, [...] nous arrivons à Angers, où se trouve une école d'arts et métiers. Quelques heures nous sont accordées. Je parcours la ville ; je vois ses rues, ses monuments. [...] Nous roulons de nouveau... [...] Nous traversons des villes, des villages, vu les toits en chaume après les toits d'ardoises ; [...] nous apercevons les tours de la cathédrale de Chartres. [...]
Je pus contempler, admirer la cathédrale, le plus riche, le plus grand, le plus sublime des monuments que j'eusse vu jusque-là. [...] Les maisons sont d'une grande simplicité, bâties en pans de bois, en lattes, en plâtras, sans pierres de taille. [...]
Je m'étais reposé pendant deux semaines. Les compagnons décidèrent de m'envoyer travailler dans un charmant village près de Chartres, chez M. Casting. [...] Le jour de la Ste-Anne, les compagnons donnaient un bal, et ils faisaient danser patrons et patronnes ; le lendemain, les maîtres donnaient bal à leur tour [...] ; on s'asseyait tous à la même table, on mangeait le même pain, on buvait le même vin ; et, à certains jours, il y avait festin : on était de la même famille. [...]
Onze heures venaient de sonner ; la lune éclairait notre marche, nous avancions à grands pas, portant chacun sur notre épaule, au bout d'une canne, un petit paquet, renfermant deux chemises, une paire de bas et quelques mouchoirs. [...] Nous voilà dans Paris, cette grande et belle ville : c'est le séjour des rois, le siège du gouvernement, le théâtre des révolutions, des transformations politiques et sociales. C'est là que se manifestent ou brillent les talents [...] Ce beau pays est pour nous, jeunes voyageurs, moins hospitalier que beaucoup d'autres. [...] Nous ne trouvons pas une Société organisée comme ailleurs, présentant à l'arrivant une véritable famille. [...]
Dans les villes de province, dès que nous arrivons, le premier compagnon nous accueille, le rouleur[1] nous conduit chez un patron et nous embauche ; nous trouvons chez la mère[2] la nourriture, un lit, du crédit. À Paris, c'est autre chose.

1. Compagnon intermédiaire entre les ouvriers faisant leur « Tour de France » et les maîtres qui souhaitent les embaucher. — 2. À cette époque, femme d'un compagnon qui s'occupe des jeunes qui font leur Tour de France.

D'après Agricol Perdiguier, *Mémoires d'un compagnon*, 1854.

▸ **George Sand**
De son vrai nom Aurore Dupin, elle choisit le pseudonyme de George Sand, un nom d'homme, pour exercer sa profession de romancière et journaliste. Son amitié avec Agricol Perdiguier lui a permis de collecter de précieux renseignements pour écrire *Le Compagnon du Tour de France* (1840).

CAPACITÉ

Décrire le Tour de France d'un compagnon à partir de mémoires

Préparez votre texte en répondant aux questions suivantes, puis rédigez votre récit.

1 **Relevez les grandes villes par lesquelles le compagnon effectue son Tour de France (DOCS 2 et 3).**

....
....
....
....

2 **Que fait Agricol Perdiguier pour se former dans chaque ville (DOC.3) ?**

....
....
....
....

3 **Surlignez deux phrases qui montrent la fraternité entre les compagnons (DOC. 3).**

Rédiger

4 **Décrivez le Tour de France d'Agricol Perdiguier en montrant pourquoi la formation du compagnon n'est pas seulement professionnelle mais aussi humaine.**

....
....
....
....
....
....
....
....

D'HIER À AUJOURD'HUI

Métiers, compagnons, compagnonnage et chef-d'œuvre (XXIe siècle)

Le **compagnonnage** est plus que jamais d'actualité. **Filière d'excellence**, il a pour objectif de former des professionnels qualifiés mais aussi des citoyens éclairés capables d'autonomie et de jugements responsables dans leur future vie d'adulte.

➔ **Comment et pourquoi devenir Compagnon du Tour de France aujourd'hui ? Quelles sont les filières existantes ?**

DOC. 1
Un chef d'œuvre

DOC. 2
Le compagnonnage aujourd'hui

Suite à l'incendie de Notre-Dame de Paris, le 15 Avril 2019, les Compagnons du devoir prêts à rebâtir.

Il esquisse un sourire. Sur le moment, l'idée ne lui a pas traversé l'esprit. Ce n'est qu'au réveil, le lendemain de l'incendie : « Quand même ce serait énorme, une chance de fou. » Pierre, 16 ans, a des étoiles dans les yeux. Apprenti couvreur, il s'imagine depuis deux jours participer à la reconstruction de Notre-Dame. [...]

À Champs-Sur-Marne (Seine-et-Marne), un bâtiment tout neuf abrite l'une des maisons des Compagnons du devoir. Ils sont une soixantaine.

Ici se façonnent des artisans pépites. L'excellence « que le monde entier nous envie », résume Stéphane Kut, couvreur depuis trente-six ans et formateur. [...] La formation est très exigeante et intensive. Les « aspirants » passent 5 ans sur les routes pour apprendre les techniques propres à chaque région.

La journée, ils sont en entreprise et la nuit tombée, dans les maisons des compagnons, comme ici à Champs-Sur-Marne. « S'y mélangent les professions amenées à travailler sur un même chantier, comme au temps des cathédrales... Vivre en communauté, c'est aussi apprendre des règles communes. Un savoir-faire, mais aussi un savoir-être. Avoir du talent dans les mains, si tu ne sais pas être à l'heure sur un chantier, cela ne sert à rien », détaille le responsable du lieu. [...]

Marie Piquemal, « Les Compagnons du devoir prêts à rebâtir Notre-Dame », *Libération*, 2019.

Se renseigner sur une filiere professionnelle

EFFECTUER UNE RECHERCHE

1. Rendez-vous sur les sites Internet dédiés aux compagnons du Tour de France.

Consultez le site. liennathan.fr/89ve9i

Consultez le site. liennathan.fr/ri00m8

IDENTIFIER LES FORMATIONS PROFESSIONNELLES

2. Quels sont les dispositifs de formation existants ?

....

....

....

3. Qui peut avoir accès à cette formation ?

....

....

....

4. À quel moment d'un parcours scolaire ou d'apprentissage peut-on accéder au compagnonnage ?

....

....

....

PRÉSENTER UNE FILIÈRE OU UN MÉTIER DU COMPAGNONNAGE

5. Choisissez une filière ou un métier qui vous intéresse plus particulièrement. Ensuite, préparez votre présentation sous la forme d'un diaporama et présentez-la à vos camarades.

JE RETIENS AUTREMENT

Les notions du Thème 3

Une **carte mentale** permet d'organiser sa pensée et ses connaissances. Elle s'organise autour d'une **idée générale** et se divise en **idées secondaires** de plus en plus précises et en **exemples**. Les **couleurs** permettent de classer les informations sur le même thème pour mieux les retenir.

Complétez la carte mentale avec les notions étudiées dans ce thème. Aidez-vous des cases déjà remplies et des propositions suivantes.

▸ Apprentissage ▸ Cayenne ▸ Chef d'œuvre ▸ Excellence ▸ Fraternité ▸ Tour de France

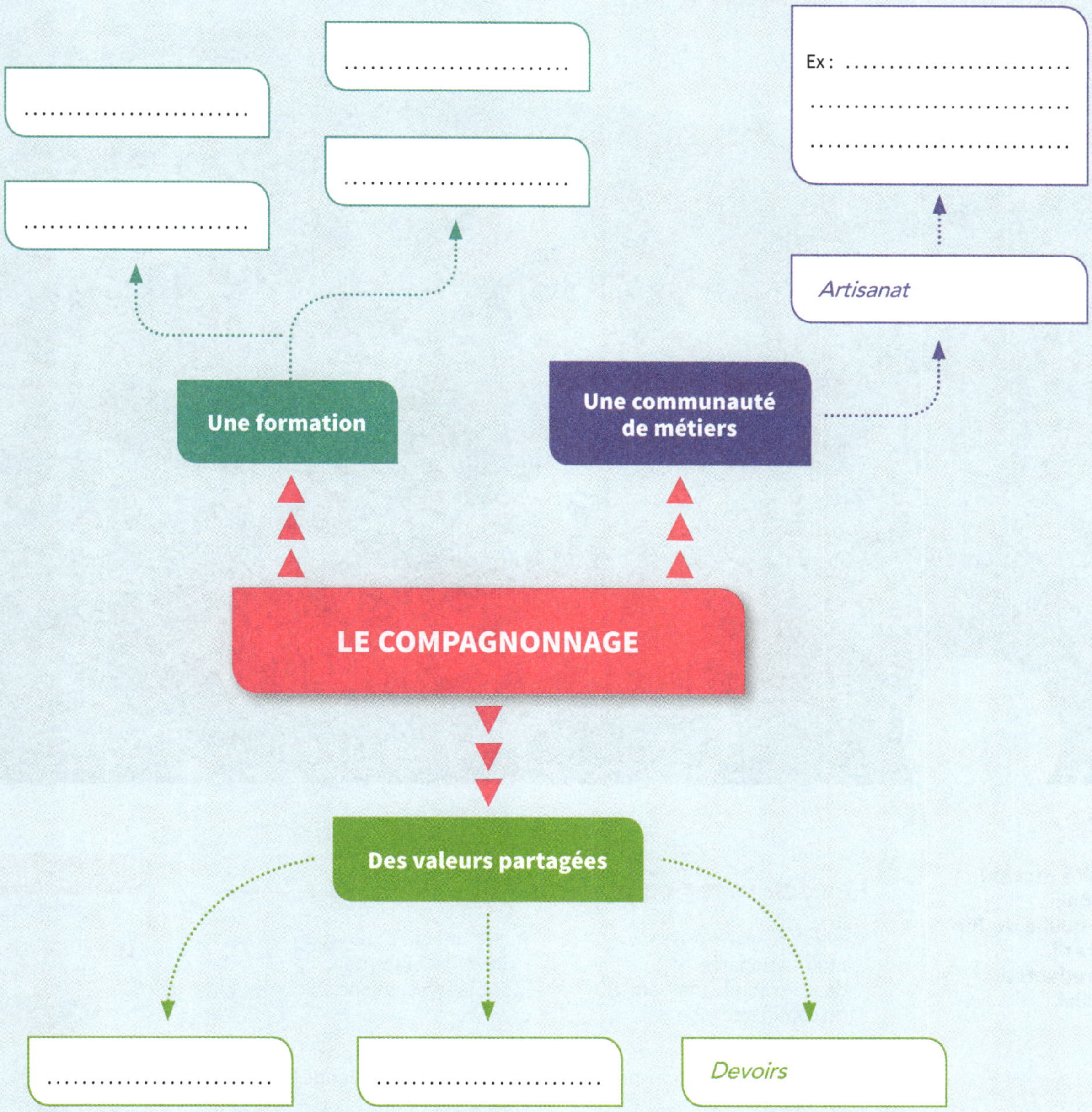

Thème 1

DES RÉSEAUX DE PRODUCTION ET D'ÉCHANGES MONDIALISÉS

Les échanges se sont considérablement accélérés sous l'effet de la mondialisation. La révolution des transports et les nouvelles technologies de l'information et de la communication (**NTIC**) ont permis cette évolution. Désormais des réseaux de production et d'échanges se forment à l'échelle mondiale. Ils sont le résultat de la stratégie des différents acteurs de la mondialisation.

➜ **Comment les réseaux de production et d'échange s'organisent-ils à l'échelle mondiale ?**

Du plus lointain…

DOC. 1

Récolte du café à la main à Forquilha do Rio au Brésil, 1er producteur mondial.

Les échanges en chiffres

- **80 000 entreprises** multinationales dans le monde réalisent 2/3 du commerce mondial.
- **9 milliards de tonnes** de marchandises transportées par mer en 2018.
- **4 milliards d'Internautes** dans le monde.
- **44 % de la population mondiale** inscrite sur les réseaux sociaux.
- **1,1 milliard de téléspectateurs** pour la finale de la Coupe du monde 2018.
- **7,7 milliards d'abonnements de téléphones mobiles** dans le monde en 2017.

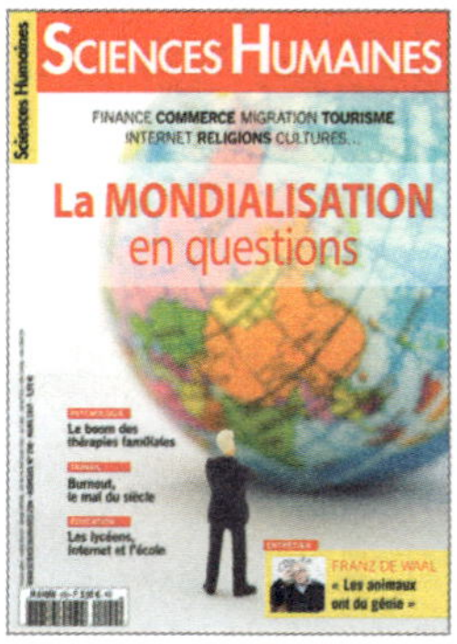

Une de *Sciences Humaines*, n°290, mars 2017.

Capacités travaillées

Les ressources du thème

Regardez la vidéo du thème.
liennathan.fr/m2zx45

...au plus proche

DOC. 2

Un Starbucks Coffee à Paris.

?

1. **Quel rang occupe le Brésil parmi les producteurs mondiaux de café ?**
2. **Imaginez quelles questions autour de la mondialisation peuvent être abordées dans la revue *Sciences Humaines*.**

Ça me concerne

3. **Pourquoi ces documents ont-ils été choisis pour illustrer le thème « des réseaux de production et d'échanges mondialisés » ?**
4. **Que pensez-vous savoir sur ce thème avant de l'étudier ?**

VOCABULAIRE & NOTIONS

• **NTIC :** Toutes les techniques (câble, téléphone, Internet...) utilisées pour transmettre et traiter des informations.

SE REPÉRER DANS L'ESPACE

La planète financière

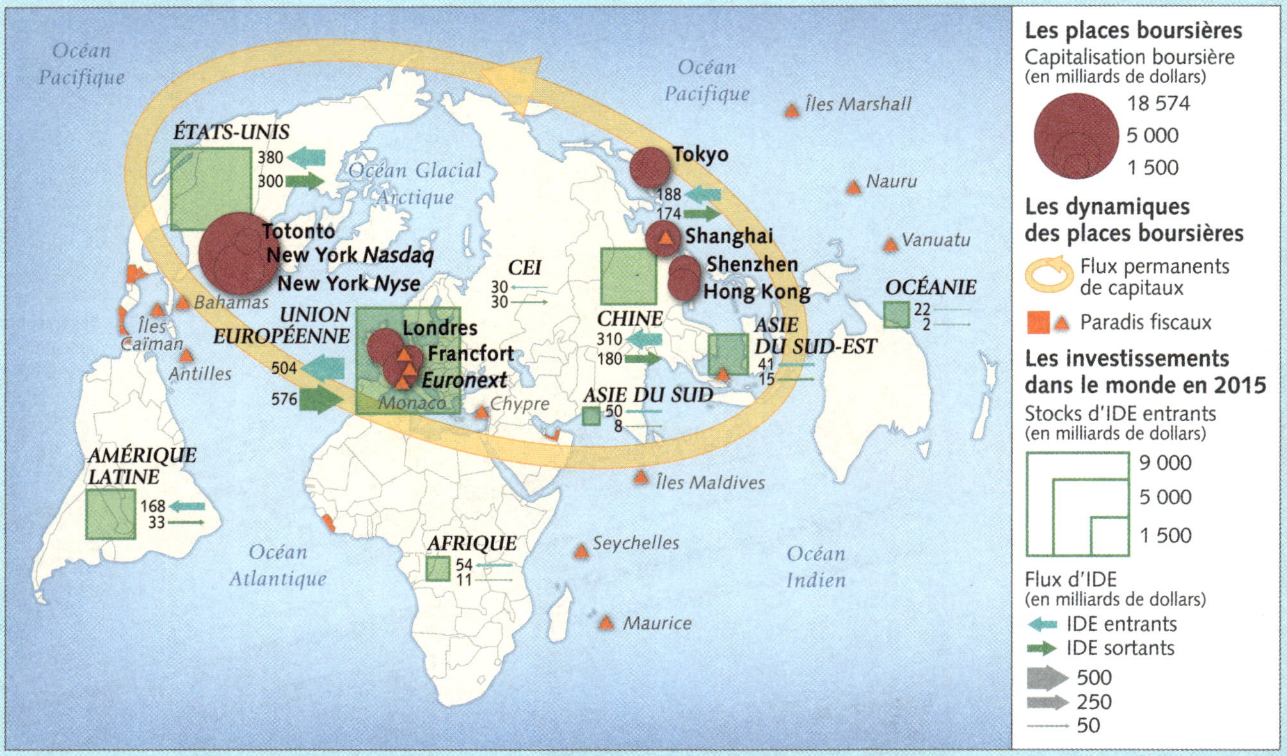

Mondialisation et hiérarchie des territoires

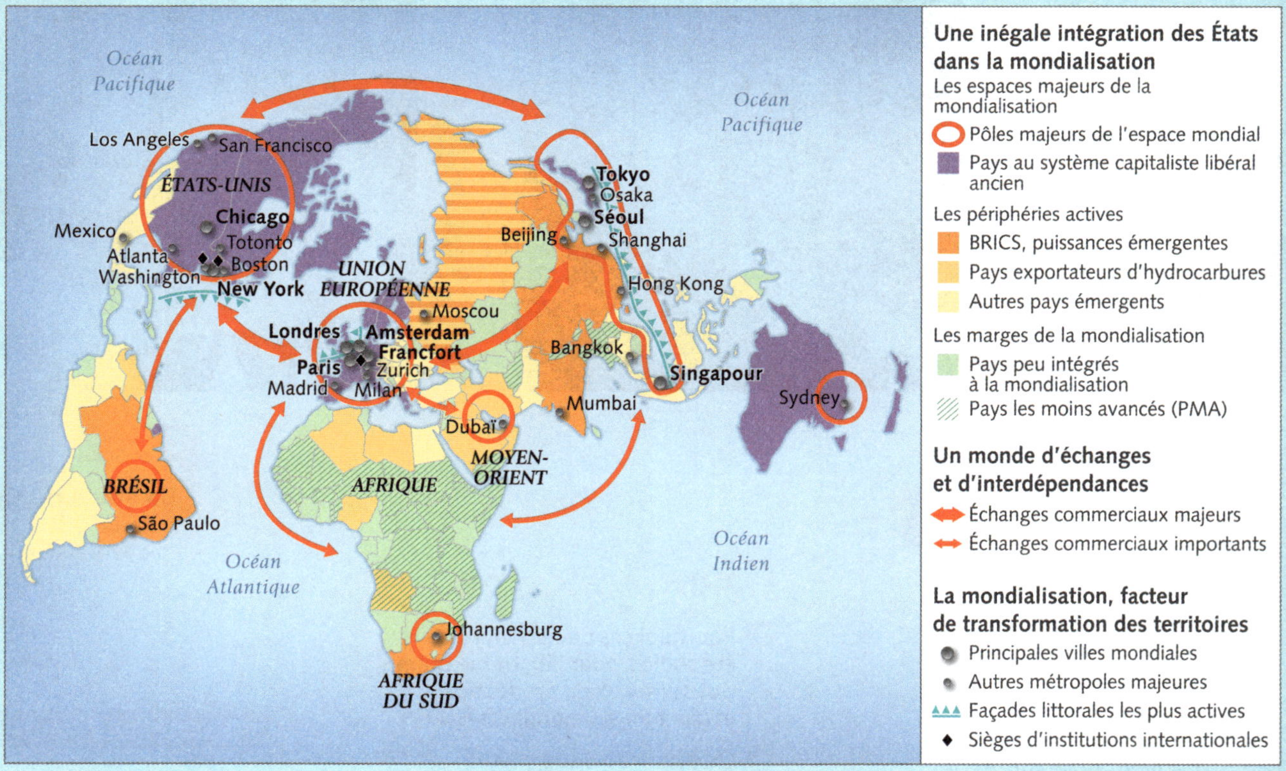

Regardez le portfolio des repères du thème pour **en savoir plus** et mieux les retenir. liennathan.fr/zv07e4

L'UNESCO et les objectifs de développement durable

L'UNESCO dépend de l'ONU, l'Organisation des Nations Unies. Cette dernière a été créée en 1945 et son siège se trouve à New York. Les principaux rôles et objectifs de l'ONU sont de préserver et maintenir la paix dans le monde. L'UNESCO, dont le siège est à Paris, se charge plus particulièrement des questions éducatives, culturelles ainsi que de celles qui ont un rapport à la science. C'est dans ce cadre qu'en septembre 2015 ont été adoptés les objectifs du Développement durable. Selon l'UNESCO, ces objectifs « forment un programme de développement durable, universel et ambitieux », un programme « du peuple, par le peuple et pour le peuple ».

Le développement durable est une notion qui a fait son apparition en 1987 et qui se généralise au cours des années 90. Il doit permettre de répondre « aux besoins du présent sans compromettre la capacité des générations futures de répondre aux leurs ». Il comporte trois aspects ou piliers : le social, l'environnemental et l'économique. Cela signifie que toute politique ou toute mesure, pour être durable, doit essayer de concilier ces trois caractéristiques.

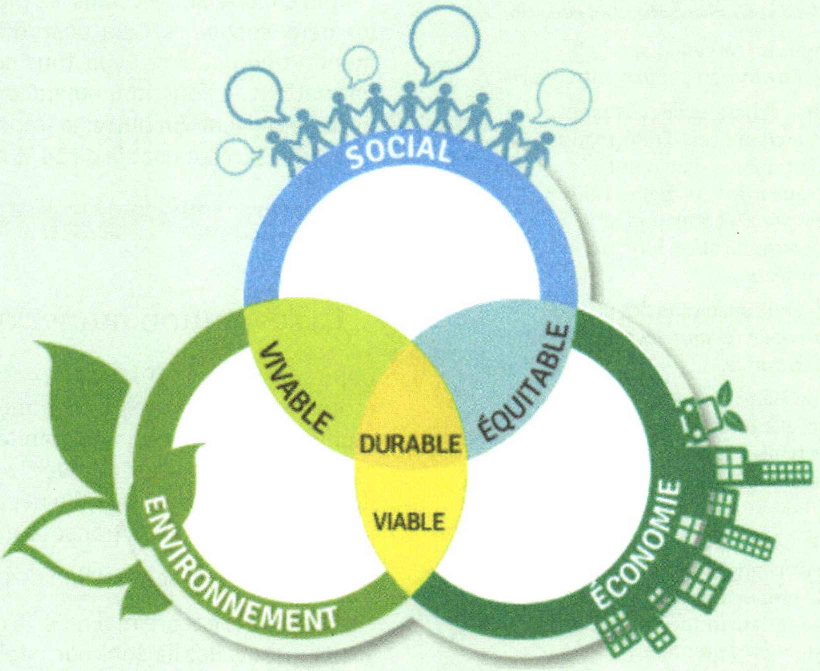

COURS 1

L'EXPLOSION DES ÉCHANGES MONDIAUX

MÉMORISEZ

Écouter votre cours plusieurs fois vous permettra de mieux le retenir.

L'audio du cours.
liennathan.fr/98m0kv

Un commerce mondialisé

Les échanges à l'échelle mondiale ne cessent d'augmenter : échanges de matières premières, de biens manufacturés, mais aussi de **capitaux** et d'informations. L'ensemble de ces **flux**, matériels et immatériels, contribuent à transformer la géographie du monde. Ils forment des **réseaux** qui permettent de mettre en relation les territoires du monde entier. Dans notre vie quotidienne, nous utilisons tous les jours des biens qui ont été produits à l'étranger et ont circulé à travers le monde : nos aliments, l'essence de nos voitures, nos téléphones, nos vêtements…

→ J'EXPÉRIMENTE 5 - P.102

Les transports au cœur de la mondialisation

L'essor de la **mondialisation** a été rendu possible grâce aux progrès dans le domaine des transports. Plus des ¾ des échanges mondiaux se font par mer aujourd'hui. L'apparition des conteneurs standardisés a révolutionné le transport maritime. Les bateaux sont de plus en plus grands. Ils empruntent de véritables routes maritimes avec de grandes **ZIP** comme escales.

Le secteur aérien ne cesse de croître, lui aussi. Les avions sont de plus en plus grands tout comme les aéroports. Plus de 4 milliards de passagers prennent l'avion chaque année. Dans les plus grands aéroports, un avion décolle toutes les deux secondes. Cela pose d'ailleurs la question de l'impact environnemental que peuvent avoir tous ces échanges. Les ressources pétrolières qui permettent le fonctionnement de la grande majorité des modes de transports s'épuisent. En outre, le transport des marchandises (par cargo, avion ou camion) est responsable de 14 % des émissions de **GES** dans le monde.

→ J'EXPÉRIMENTE 1, 2 ET 3 - P.92, 94, 96

La révolution numérique

Depuis les années 1970, une véritable révolution numérique a transformé en profondeur nos modes de communication. Avec l'apparition de la téléphonie mobile puis d'Internet, une grande partie des hommes peut partager des informations en temps réel à travers toute la planète. L'information fait partie des flux immatériels même si elle nécessite des aménagements matériels, comme les câbles sous-marins transocéaniques qui relient les continents.

Cette révolution est aussi l'un des moteurs de la mondialisation.

Les territoires encore mal reliés à ces nouveaux réseaux se trouvent marginalisés. Les nouvelles liaisons par satellite représentent un espoir pour ces espaces. Ils vont enfin bénéficier d'une meilleure couverture qui leur permettra ainsi de mieux s'intégrer à la mondialisation.

→ J'EXPÉRIMENTE 4 - P. 98

VOCABULAIRE & NOTIONS

- **Capitaux :** argent disponible pour être investi par une entreprise.
- **Flux :** échanges de personnes, de marchandises, d'informations ou de capitaux d'un point à un autre de la planète à l'aide de moyens de transport et de communication formant des réseaux.
- **Réseau :** ensemble des liens qui mettent en relation les hommes et les territoires.
- **Mondialisation :** multiplication et accélération des échanges de tous types à l'échelle de la planète mettant en relation les différents territoires du monde.
- **ZIP (Zone Industrialo-portuaire) :** lieu d'échanges commerciaux et de production industrielle où sont transformées une partie des matières premières débarquées des porte-conteneurs.
- **GES :** gaz à effet de serre dont le plus fréquent est le CO_2 qui sont responsables du réchauffement climatique.

DOC. 1

Le commerce mondial : un aspect majeur de la mondialisation

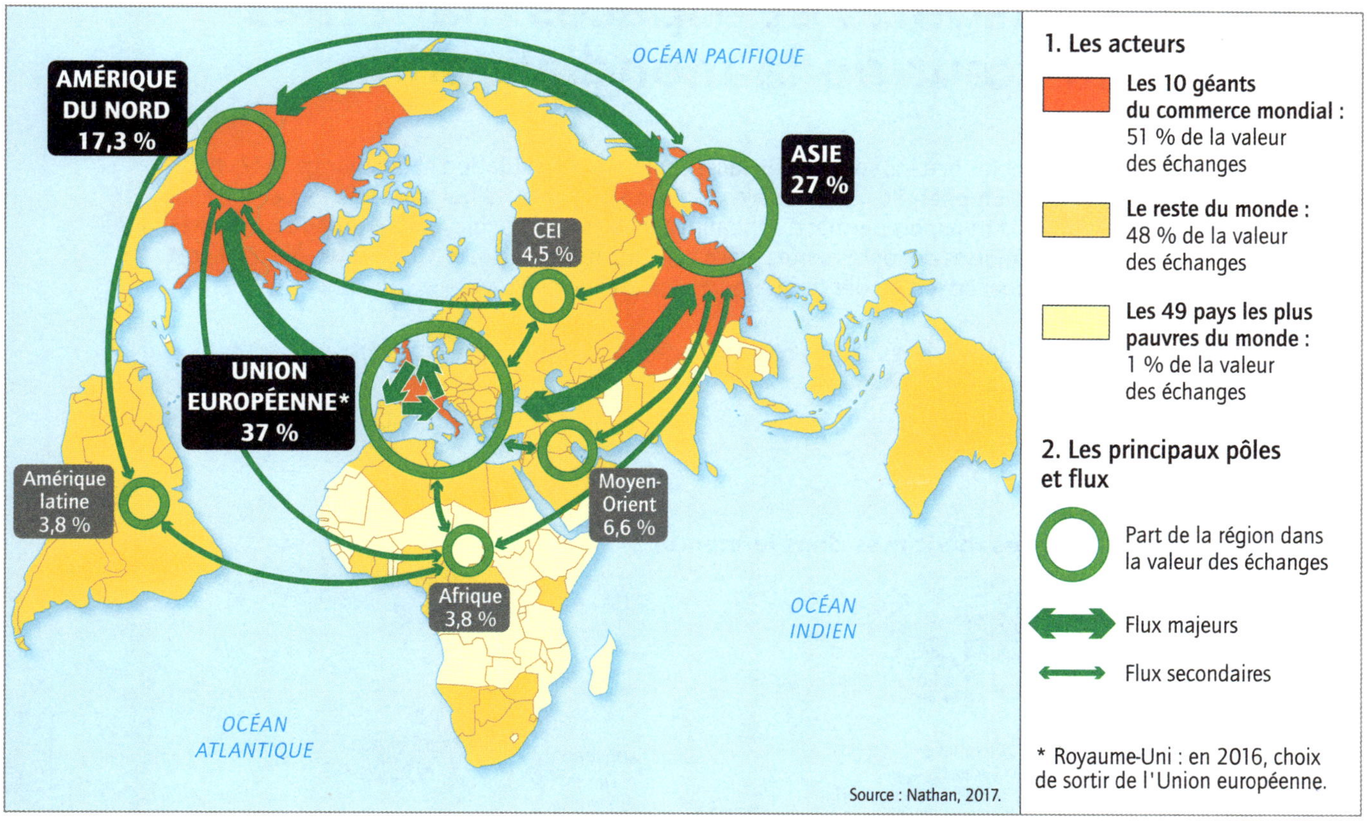

Lecture active du cours

1. **Citez des exemples de flux matériels et des exemples de flux immatériels.**

....

....

....

2. **Quels sont les trois principaux pôles du commerce mondial (DOC. 1) ?**

....

....

....

3. **Quel continent semble rester à l'écart du commerce mondial (DOC. 1) ?**

....

....

4. **Pourquoi peut-on affirmer que les échanges concernent néanmoins l'ensemble des continents (DOC. 1) ?**

....

....

....

5. **Quelles sont les évolutions dans le domaine des transports qui ont facilité les échanges à l'échelle de la planète ?**

....

....

....

6. **Pourquoi peut-on dire que la diffusion d'Internet est un moteur de la mondialisation ?**

....

....

....

Synthèse

7. **Construisez une phrase avec les trois grandes idées du cours.**

....

....

....

....

....

....

Écoutez le cours associé.
liennathan.fr/wjv208

1 Transports et espaces maritimes au cœur de la mondialisation

Les mers et les océans sont des espaces majeurs de circulation et d'échanges à l'échelle mondiale. En effet, 90 % des marchandises sont aujourd'hui transportés par bateau. Ce mode de transport permet d'acheminer, pour un coût faible, de très grandes quantités de marchandises de toutes sortes grâce aux gigantesques **porte-conteneurs**. Le transport maritime met en réseau des territoires sur toute la planète.

➔ **Quels sont les lieux importants du transport maritime mondial ?**

DOC. 1 Les espaces maritimes dans le monde

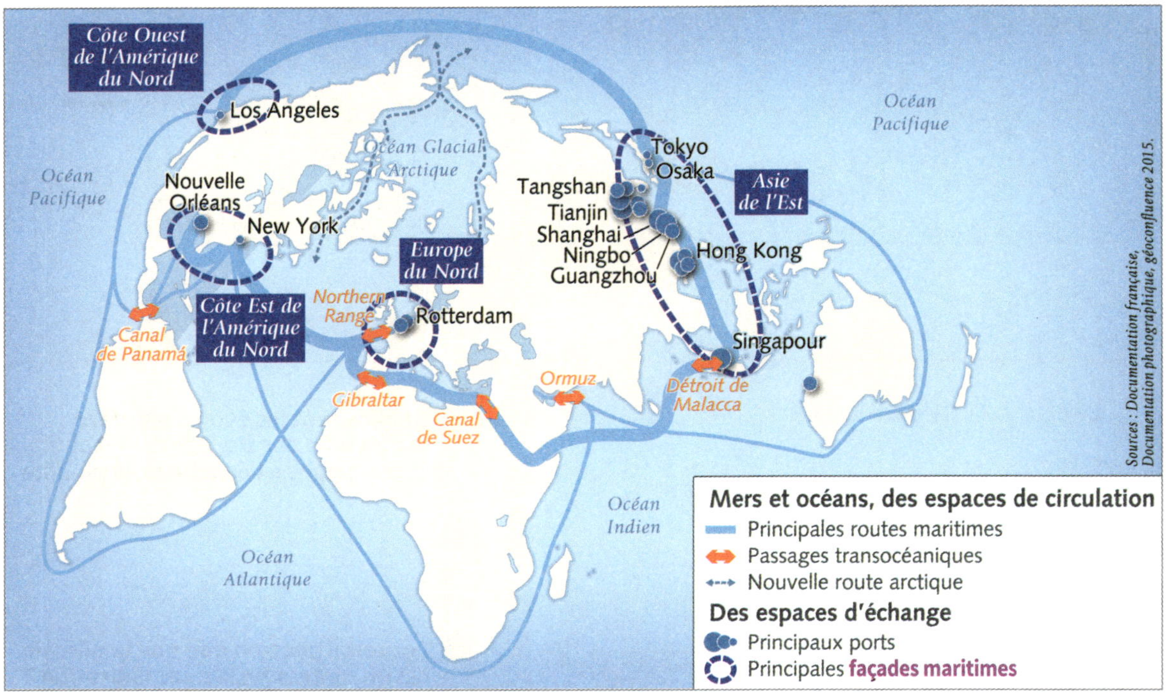

DOC. 2 L'importance du transport maritime

C'est par voie de mer que nous avons accès à l'essentiel de ce que nous produisons, transformons, consommons, vendons, que ce soient des matières premières, de l'énergie, des produits manufacturés. [...] Sur toutes les mers [...] des routes maritimes mondiales relient les ports et les terres entre eux et entre elles, comme des lignes de vie et de mort. Avec une constante jusqu'à nos jours : 90 % des échanges sont effectués par voie de mer.
Depuis 20 ans, les réseaux maritimes de l'économie mondiale connaissent une évolution forte. La « **maritimisation** » démultiplie la mondialisation : le transport maritime a été multiplié par trois en volume de 1990 à nos jours. Faible coût, forte productivité, gros volumes transportés. C'est la clef de l'économie mondialisée.

Tristan Lecoq, *Enseigner la mer*, Édition Canopée, 2016.

VOCABULAIRE & NOTIONS

- **Porte-conteneur :** bateau transportant des marchandises stockées dans des boîtes standardisées.
- **Façade maritime :** espace littoral constitué d'un réseau de ports qui entretiennent des relations entre eux.
- **Maritimisation :** processus d'accroissement des échanges internationaux par voie maritime.

CAPACITÉ

▸ Nommer et localiser les grands repères géographiques

DOC. 3

Le porte-conteneur Saint-Exupéry, un des plus grands porte-conteneurs du monde

Mis en service en 2018 par la CMA CGM, 3e compagnie de transport maritime mondiale, le Saint-Exupéry est doté des dernières innovations techniques lui permettant d'être performant en termes d'émissions de CO_2.

?

CAPACITÉ

Nommer et localiser les grands repères géographiques

1 **Quelles sont les routes maritimes actuelles les plus utilisées (DOC. 1) ?**

....

....

2 **Associez un grand port mondial à sa façade maritime (DOC. 1).**

	Shanghai
Europe du Nord	
	Nouvelle Orléans
Côte Ouest de l'Amérique du Nord	

3 **Surlignez les raisons qui expliquent l'importance du transport maritime de marchandises (DOCS. 2 et 3).**

4 **Nommez et situez les cinq plus grands lieux de passage stratégiques mondiaux (DOC. 1). Quels sont leurs atouts selon vous ?**

....

....

....

....

....

JE FAIS LE LIEN AVEC LES OBJECTIFS DÉFINIS PAR L'UNESCO.

5 **Quel document illustre un des aspects du développement durable (voir, p.88-89) ?**

....

....

TRAVAUX PRATIQUES

6 **Tracez les trois routes possibles indiquées dans la légende pour aller de Shanghai à Rotterdam.**

7 **Décrivez l'itinéraire suivi par chacune de ces trois routes en nommant les repères géographiques importants parcourus.**

....

....

....

....

....

....

....

Route la plus longue — Route traditionnelle la plus courte — Nouvelle route possible

J'EXPÉRIMENTE

Écoutez le cours associé.
liennathan.fr/a5li70

2 Les grands ports : au cœur de la mondialisation

....

La mondialisation se traduit par un accroissement toujours plus grand des échanges de marchandises. Les grands ports du monde ont dû s'adapter à cette situation. Ils se sont profondément transformés pour rester performants. De plus en plus vastes, ils sont devenus des lieux de production et d'échanges mondialisés.

➔ Pourquoi les grands ports sont-ils des lieux importants de la mondialisation ?

DOC. 1

Les 15 premiers ports mondiaux en 2017
(en millions d'EVP, unité de mesure des conteneurs)

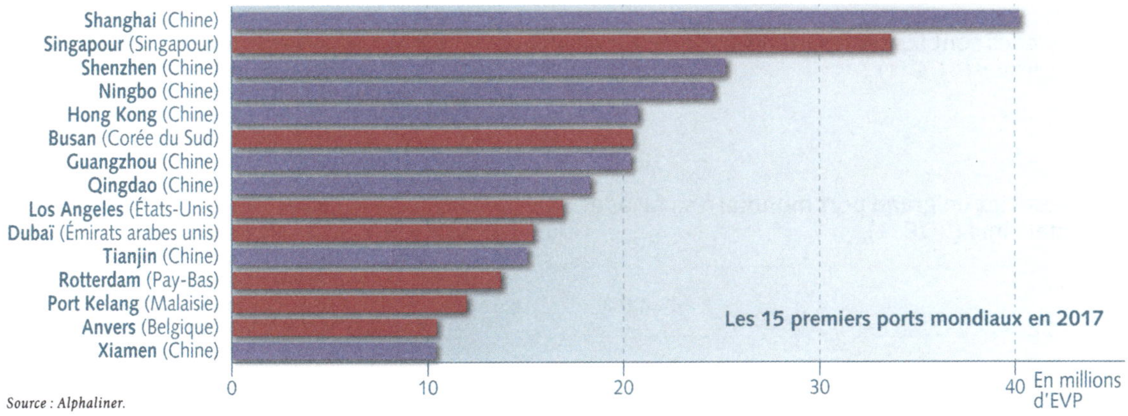

Source : Alphaliner.

DOC. 2

Yangshan, la nouvelle extension du port de Shanghai, premier port mondial en 2017

1 Quais à conteneurs
2 Portiques de chargement et déchargement
3 Pont de 32,5 km qui relie le port au continent
4 Mer de Chine

CAPACITÉ

▶ Compléter le schéma d'un espace portuaire

DOC. 3

La ZIP de Anvers, un des premiers ports européens en 2017

1 Quais à conteneurs 2 Portiques de chargement et déchargement
3 L'Escaut (fleuve) 4 Zone industrielle (raffineries) 5 Minerais
6 **Arrière-pays** 7 Axe routier

DOC. 4

Les ports doivent s'adapter au développement des échanges pour continuer à être performants

La taille des porte-conteneurs augmentant, les ports doivent s'adapter. Les nouveaux porte-conteneurs ont besoin de chenaux d'accès plus profonds. Se pose ensuite le problème de la hauteur des navires pour les portiques mais aussi pour les ponts sous lesquels les navires doivent passer. La largeur des navires et des portiques est un autre facteur à prendre en compte.
La largeur des plus grands porte-conteneurs est actuellement de 59 m. Aujourd'hui les très grands porte-conteneurs ne peuvent donc faire escale que dans une poignée de ports transformés en **hub**, ce qui implique une réorganisation du trafic avec des navires de taille moyenne vers les ports secondaires.

D'après *L'Atlas économique de la mer*, Hors-série, Édition Le Marin, 2016.

?

CAPACITÉ

Compléter le schéma d'un espace portuaire

Après avoir pris connaissance des documents, complétez la légende du schéma d'un espace portuaire grâce aux propositions ci-dessous.

- Arrière-pays • Extension du port • Échanges avec les ports secondaires
- Flux de marchandises avec le reste du monde
- Connexion avec l'arrière-pays grâce aux réseaux de transports
- Ports secondaires • ZIP

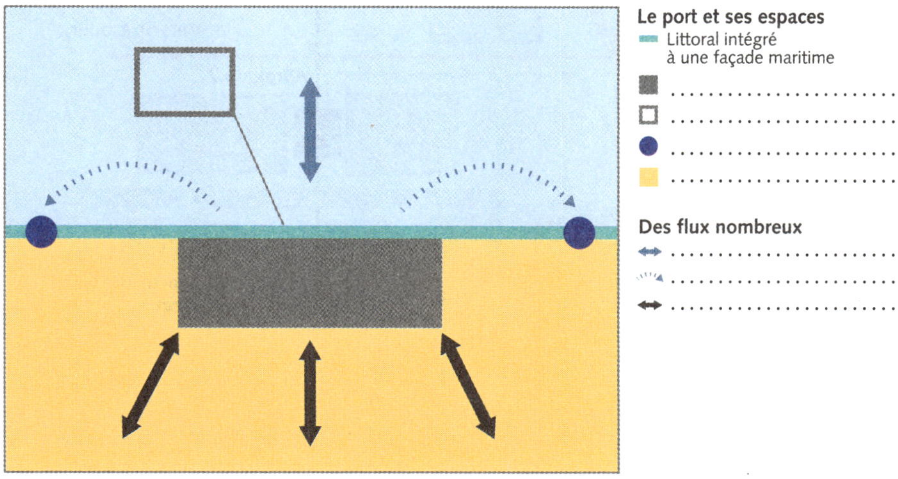

VOCABULAIRE & NOTIONS

- **Arrière-pays :** espace terrestre connecté à un ou plusieurs ports grâce à un réseau de transport très développé.
- **Hub :** plateforme aérienne, portuaire ou ferroviaire vers laquelle se concentre le trafic de passagers ou de marchandises avant d'être redistribués.

J'EXPÉRIMENTE

Écoutez le cours associé.
liennathan.fr/8pzc28

3 L'aéroport Charles de Gaulle : une plateforme multimodale

Aujourd'hui les gares, les ports et les aéroports sont des endroits où se concentrent plusieurs modes de transports, aussi bien pour les passagers que pour les marchandises.
Ce sont des **plates-formes multimodales**. Les plus grands aéroports mondiaux, comme celui de **Paris-Charles De Gaulle**, situé à Roissy, sont devenus des lieux où des milliers de voyageurs et de marchandises passent et se croisent tous les jours.

➔ **Quelles sont les caractéristiques d'une plate-forme multimodale ?**

DOC. 1

Les 10 premiers aéroports mondiaux en 2017 (en millions de passagers)

1	*Hartsfield-Jackson Atlanta International Airport* - ***États-Unis***	**104 millions**
2	*Beijing Capital International Airport* - ***Chine***	**96 millions**
3	*Dubai International Airport* – ***Émirats arabes unis***	**88 millions**
4	*Tokyo Haneda International Airport* - ***Japon***	**85 millions**
5	*Los Angeles International Airport* – ***États-Unis***	**84,6 millions**
6	*Chicago O'Hare International Airport* – ***États-Unis***	**80 millions**
7	*London Heathrow Airport* – ***Royaume-Uni***	**78 millions**
8	*Hong Kong International Airport* – ***Chine***	**73 millions**
9	*Shanghai Pudong International Airport* – ***Chine***	**70 millions**
10	*Roissy-Charles de Gaulle* – ***France***	**69 millions**

Source : Conseil International des Aéroports.

DOC. 2

La plateforme multimodale de Roissy : un aéroport, différents modes de transport

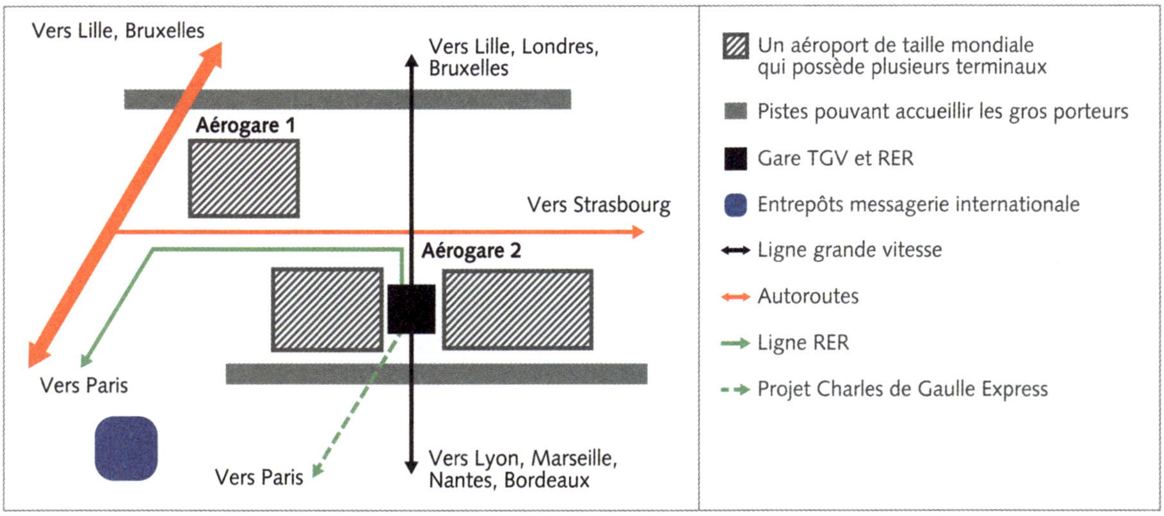

VOCABULAIRE & NOTIONS

• **Plate-forme multimodale :** lieu de correspondance entre différents modes et réseaux de transport pour acheminer des voyageurs et des marchandises.

CAPACITÉ

▸ Identifier l'échelle appropriée pour étudier les flux

DOC. 3

Un défi : améliorer l'accès à l'aéroport de Roissy

Autoroute A1 saturée, RER B surchargé... : améliorer l'accès à Paris depuis l'aéroport Roissy-Charles de Gaulle, où le nombre de voyageurs a encore augmenté (69,5 millions en 2017, + 5,6 %), est une priorité pour Aéroports de Paris (ADP). Son grand projet, c'est toujours le CDG Express, une liaison ferrée directe entre le terminal 2 de Roissy et la gare de l'Est à Paris. 32 km (dont 8 km de voies nouvelles) en 20 minutes, avec un train toutes les 15 minutes. Un luxe au tarif prévisionnel de 24 € le billet. [...]

Un chantier politique. Si le projet avance, les oppositions existent toujours, principalement dans les rangs d'élus écologistes et Front de Gauche, mais aussi d'associations d'usagers des transports ou de représentants de petites compagnies aériennes. Principaux reproches : le CDG Express, qualifié par ces opposants de « train des riches », traversera la banlieue sans la desservir.

J. G. Bontinck, *Le Parisien*, 12 avril 2018.

DOC. 4

Le fonctionnement du hub mondial de Paris-Charles de Gaulle

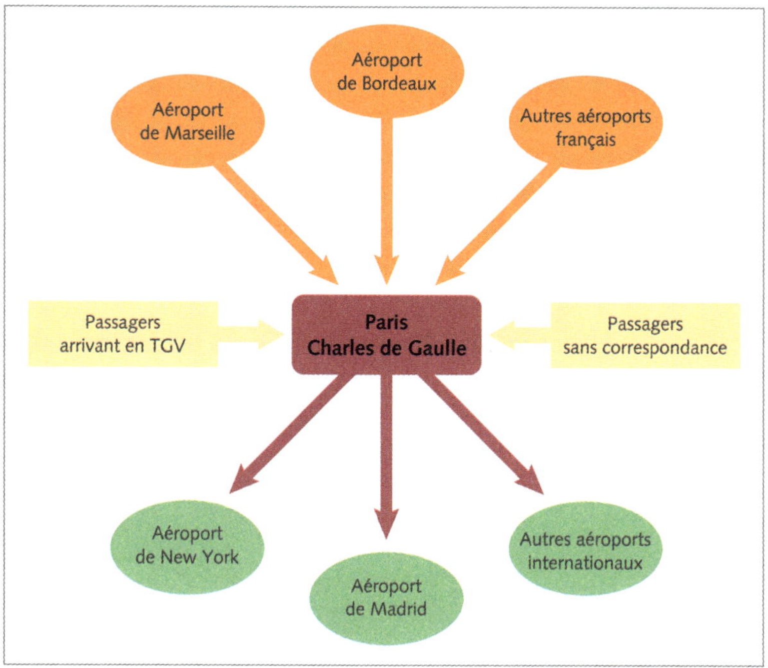

?

CAPACITÉ

Identifier l'échelle appropriée pour étudier les flux

1. Sur quels continents se trouvent les plus grands aéroports mondiaux (DOC. 1) ? Donnez un exemple pour chacun d'entre eux.

....

....

....

2. Qu'est-ce que le projet CDG Express ? Pourquoi est-il nécessaire (DOC. 3) ?

....

....

....

3. Pourquoi ce projet ne fait-il pas l'unanimité (DOC. 3) ?

....

....

4. En vous aidant du vocabulaire et du schéma, expliquez en quelques lignes le fonctionnement du hub aéroportuaire de Paris-Charles de Gaulle (DOC. 2).

....

....

....

5. Montrez que la plate-forme multimodale de Paris-Charles de Gaulle permet des mobilités à plusieurs échelles (régionale, nationale et internationale).

....

....

....

....

....

....

JE FAIS LE LIEN AVEC LES OBJECTIFS DÉFINIS PAR L'UNESCO.

6. Avec quel objectif du développement durable (voir, p.88-89) le développement du transport aérien peut-il être en opposition ?

....

....

....

....

J'EXPÉRIMENTE

Écoutez le cours associé.
liennathan.fr/4cv91u

4

La révolution numérique

La révolution numérique a permis la mise en relation progressive des différents espaces de la planète. Grâce aux nouvelles technologies, les populations peuvent partager des informations et communiquer entre elles plus facilement que jamais dans l'histoire de l'humanité.

➔ Comment la révolution numérique se diffuse-t-elle à tous les territoires de la planète ?

DOC. 1

Les câbles sous-marins de télécommunications dans le monde en 2016

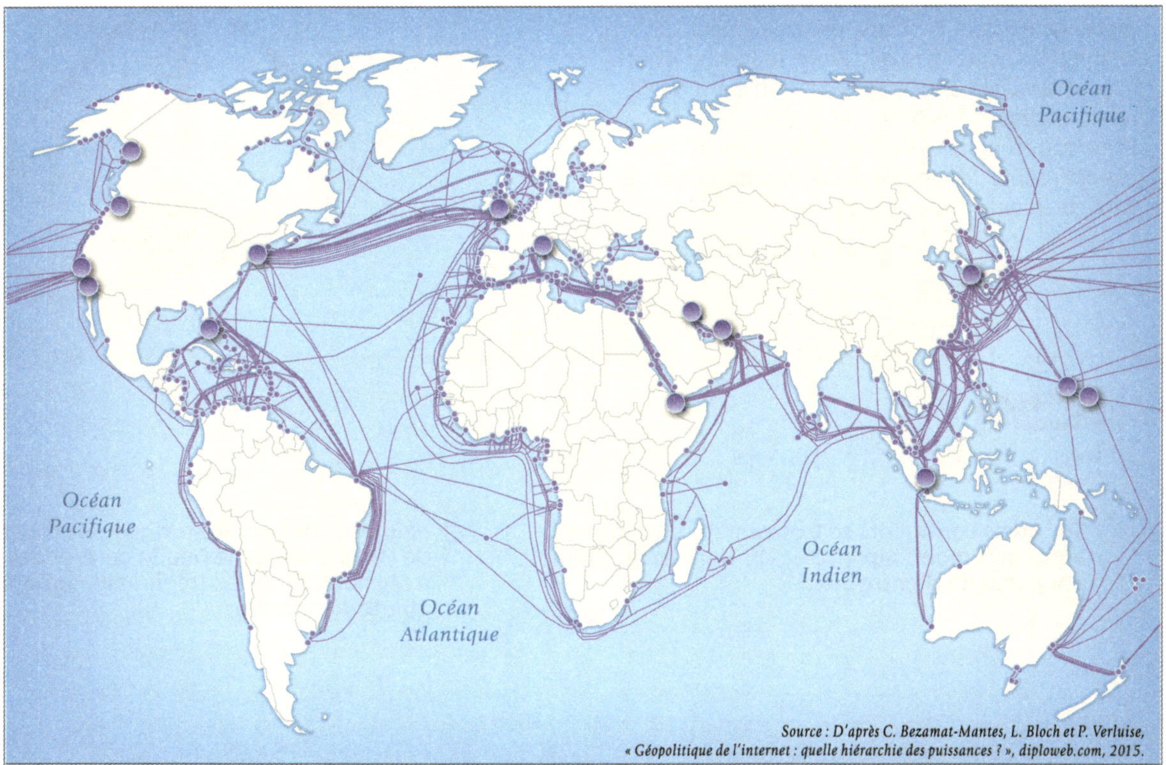

Source : D'après C. Bezamat-Mantes, L. Bloch et P. Verluise, « Géopolitique de l'internet : quelle hiérarchie des puissances ? », diploweb.com, 2015.

— Câbles sous-marins
• Points d'entrée des câbles (station d'atterage)
● Points d'accès majeurs de la NSA aux stations d'atterage des câbles

NSA : *National Security Agency*. Organisme gouvernemental des États-Unis qui s'occupe de la sécurité des systèmes d'information.

DOC. 2

L'importance des réseaux de câbles sous-marins dans les télécommunications

Les câbles sous-marins assurent 80 % des télécommunications mondiales (téléphone et Internet). Le premier câble en fibre optique avait une capacité de 40 000 communications téléphoniques en 1988. Aujourd'hui, ce sont plusieurs dizaines de millions de communications téléphoniques simultanées, 263 câbles sous-marins, sur 400 000 km, à une profondeur maximum de 8 500 m. [...] La plaque tournante de ce réseau est aux États-Unis, capitale financière de la planète et des transactions qui y sont liées, avec plus de 40 câbles. [...] Les projets les plus nombreux concernent l'Asie mais aussi l'Afrique. [...] Ce réseau est stratégique et vulnérable, protégé et écouté, entretenu et perfectionné en permanence.

Tristan Lecoq, *Enseigner la mer*, Éditions Canopée, 2016.

CAPACITÉ

▶ Analyser les informations essentielles de documents

DOC. 3

Le fonctionnement des liaisons satellitaires

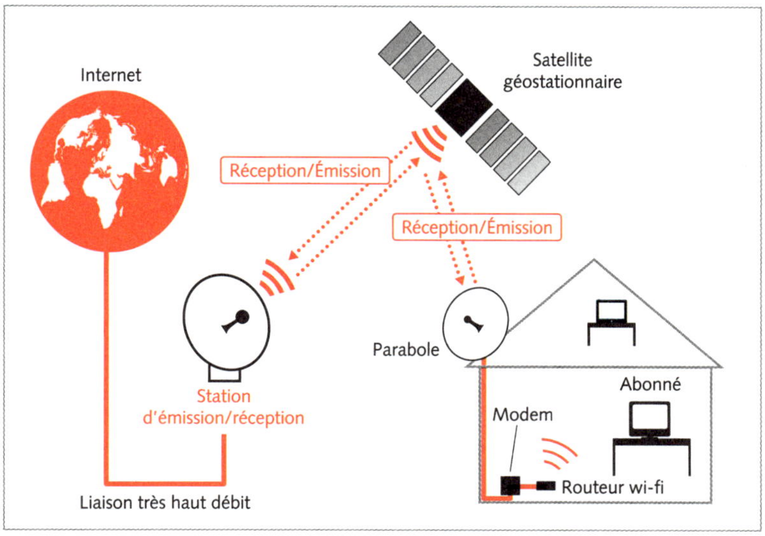

Apprenez-en plus sur **la diffusion en mondovision.**

liennathan.fr/w08s9l

DOC. 4

L'Afrique, une connexion progressive aux réseaux de télécommunications mondiaux

Le Ghana vient de mettre en orbite son premier satellite d'observation. [...] L'outil va permettre la surveillance de la côte ghanéenne à des fins cartographiques et le renforcement des capacités du secteur des technologies de l'information et de la communication. [...]

Petit à petit, l'Afrique se tourne vers les étoiles. D'ici à la fin de cette année, c'est l'Angola qui enverra son satellite de télécommunications (qui sera utilisé principalement pour la téléphonie et la télévision). Fabriqué par les Russes, il s'envolera depuis le cosmodrome de Baïkonour au Kazakhstan. Toujours dans le domaine des télécommunications, l'Algérie et la RDC (République Démocratique du Congo) lui emboîteront le pas prochainement, rejoignant les poids lourds dans ce domaine que sont l'Afrique du Sud, l'Égypte et le Nigéria.

Jules Crétois, *Katia Dansoko Touré*, Jeune Afrique, 23 nov. 2017.

?

CAPACITÉ

Analyser les informations essentielles de documents

1 Quels instruments permettent aux populations de communiquer à travers le monde ? (DOCS 1 à 4)

....

....

....

2 Nommez les espaces les plus connectés au réseau de télécommunications à l'échelle mondiale (DOCS 1 et 2).

....

....

....

Nommez les espaces les moins connectés.

....

....

....

3 Expliquez la phrase en gras (DOC. 4).

....

....

....

TRAVAUX PRATIQUES

J'effectue une recherche sur Internet

À l'échelle mondiale, la France est un pays hyperconnecté. Qu'en est-il lorsque l'on change d'échelle et qu'on observe de près le territoire français ?

1 Connectez-vous au site http://map.datafrance.info

2 Dans le menu à gauche, cliquez sur la main puis sur couverture 4G.

3 Tous les territoires français sont-ils connectés de la même manière au réseau 4G ? Que remarquez-vous ?

....

....

....

4 Cliquez sur votre commune afin de connaître votre couverture.

JE FAIS LE LIEN AVEC LES OBJECTIFS DÉFINIS PAR L'UNESCO.

5 Avec quel objectif du développement durable (voir p. 88-89) le DOC. 4 peut-il être mis en relation ?

....

....

COURS 2

ACTEURS ET TERRITOIRES DE LA MONDIALISATION

MÉMORISEZ

Écouter votre cours plusieurs fois vous permettra de mieux le retenir.

L'audio du cours.
liennathan.fr/2jh3b3

Les principaux acteurs de la mondialisation

La mondialisation est un processus mis en œuvre par de multiples acteurs.

Les **États**, par exemple, favorisent les échanges par des lois et des accords internationaux. Ils peuvent créer des **zones de libre-échange** comme l'Union européenne pour faciliter la circulation des marchandises.

Les **entreprises multinationales** sont aujourd'hui des acteurs majeurs de cette mondialisation. Elles sont présentes dans de nombreux pays pour assurer la production et la diffusion de leurs biens. Elles agissent dans de très nombreux domaines : énergie, transport, alimentation… Elles dominent l'économie mondiale et encouragent les échanges.

Enfin, les **ONG** représentent davantage les **individus** qui contribuent aussi au processus. Elles cherchent à défendre leurs intérêts et à les protéger des excès de la mondialisation.

→ J'EXPÉRIMENTE 5 - P. 102

La mondialisation à l'origine de nouvelles stratégies de localisation

La mondialisation se traduit par l'augmentation des échanges de biens. Ils sont conçus et produits dans plusieurs pays selon les spécificités des territoires : conception, assemblage, **sous-traitance**. Ainsi, avant même d'être commercialisés, ces produits sont déjà insérés dans des réseaux complexes.

Les entreprises multinationales utilisent l'espace mondial selon leur intérêt. Le coût de la main-d'œuvre très variable d'un pays à l'autre, les juridictions sociales plus ou moins fortes, l'importance d'un marché local ou non les incitent à s'installer ou pas dans un pays. Elles jouent sur ces différences en **délocalisant** une partie de leurs activités à travers le monde selon les bénéfices qu'elles pourront en tirer. La mondialisation est donc bien à l'origine d'une nouvelle organisation territoriale du monde.

→ J'EXPÉRIMENTE 6 - P. 104

L'inégale intégration des territoires à la mondialisation

La mondialisation renforce la connexion entre tous les territoires de la planète qui sont mis en réseau. Cependant, les réseaux de production et d'échanges ne sont pas homogènes. Certains territoires sont très bien intégrés à la mondialisation comme les **métropoles**. D'autres, au contraire, restent marginalisés.

Les causes de cette **marginalisation** sont très variées. Certains espaces ont une faible connexion aux réseaux de transport et d'information, d'autres sont éloignés par rapport aux grands pôles de la mondialisation. Enfin, les crises et les guerres contribuent aussi à mettre à l'écart des territoires malgré leurs atouts. C'est le cas de plusieurs États africains affaiblis par des conflits comme le Mali, la République Démocratique du Congo en Afrique de l'Ouest ou l'Erythrée en Afrique de l'Est. Enfin, d'autres pays sont marginalisés pour des motifs politiques.

→ J'EXPÉRIMENTE 7 - P. 106

VOCABULAIRE & NOTIONS

- **Zone de libre-échange :** espace constitué de plusieurs pays qui éliminent les droits de douane ou les restrictions pour importer ou exporter des marchandises.
- **Entreprise multinationale :** entreprise, ayant son siège social dans un pays, qui exerce ses activités dans plusieurs États, directement ou par l'intermédiaire de filiales. Elles portent aussi le nom de firmes transnationales (FTN).
- **ONG :** organisation non-gouvernementale.
- **Sous-traitance :** contrat par lequel une entreprise demande à une autre entreprise de réaliser une partie de sa production.
- **Délocaliser :** déplacer des activités, des capitaux, des emplois dans des lieux bénéficiant d'avantages (coût salarial plus bas, meilleure accessibilité, marché compétitif...).
- **Métropole :** grande ville qui joue un rôle important dans les domaines politique, économique et culturel.
- **Marginalisation :** processus qui isole des territoires peu reliés aux grands flux et réseaux de la mondialisation.

DOC

Les métropoles dans la mondialisation

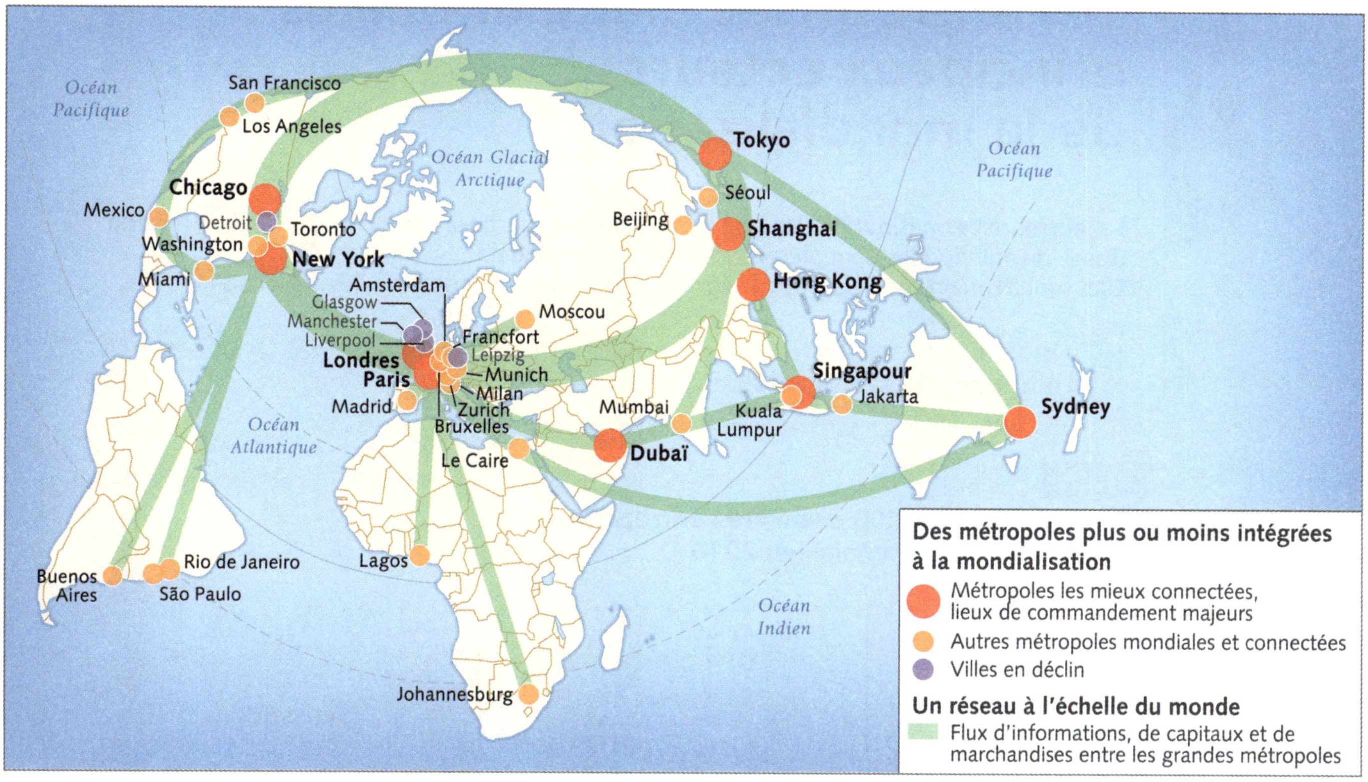

?

Lecture active du cours

1. Nommez trois grands acteurs qui jouent un rôle important dans la mondialisation.

....

....

....

2. Sur quels continents se situent principalement les grandes métropoles ?

....

....

....

3. Quels continents en comptent peu ?

....

....

4. Quelles sont les raisons pour lesquelles une entreprise peut décider de délocaliser une partie de ses activités ?

....

....

....

....

5. Comment expliquer la marginalisation de certains territoires dans le processus de mondialisation ?

....

....

....

....

6. Quels liens unissent les grandes métropoles ?

....

....

....

Synthèse

7. Construisez une phrase avec les trois grandes idées du cours.

....

....

....

....

....

....

J'EXPÉRIMENTE

Écoutez le cours associé.
liennathan.fr/917gwi

5

Les entreprises multinationales : principaux acteurs de la mondialisation

Les **entreprises multinationales** sont des acteurs majeurs de la mondialisation et de la mise en réseau du monde. Elles sont présentes sur tous les continents.
Elles sont à l'origine de tous types de flux. Elles vendent leurs produits à des millions d'individus.

➜ **Quels éléments font des entreprises multinationales des actrices majeures de la mondialisation ?**

DOC. 1

L'implantation des 500 premières entreprises multinationales mondiales en 2016

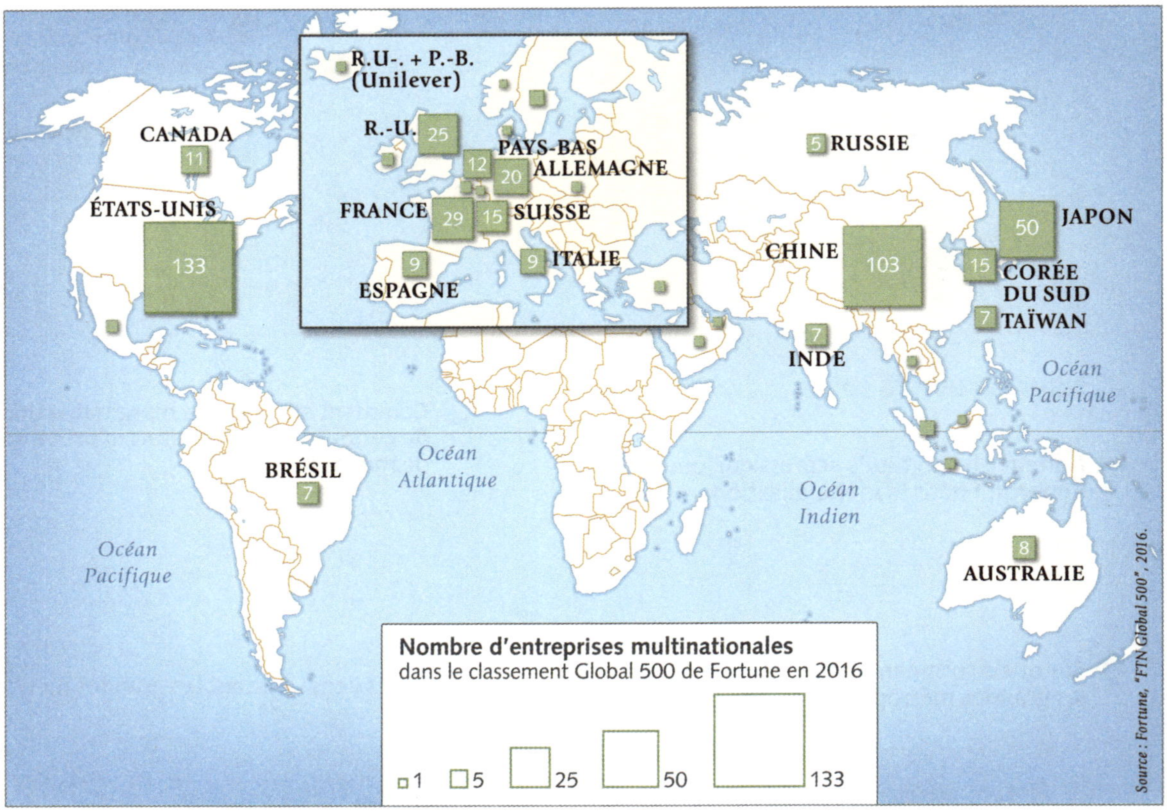

DOC. 2

Le fonctionnement d'une entreprise multinationale

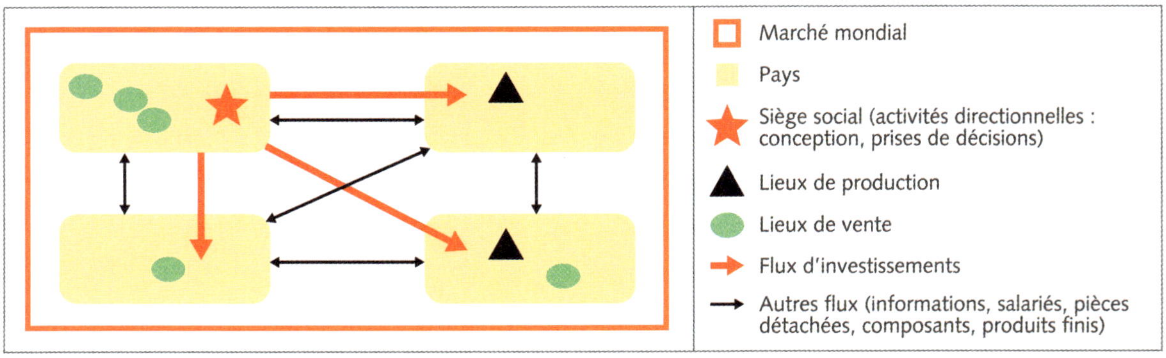

CAPACITÉ

▸ Situer un acteur majeur dans un contexte pour préciser son rôle

DOC. 3

Les 15 premières entreprises multinationales en 2017 selon leur chiffre d'affaires

RANG	NOM	SIÈGE SOCIAL	PAYS	BRANCHE
1	Walmart	*Bentoville*	*États-Unis*	*Commerce de détail*
2	State Grid	*Pékin*	*Chine*	*Énergie*
3	Sinopec	*Pékin*	*Chine*	*Pétrole et gaz*
4	China National Petroleum Corporation (CNPC)	*Pékin*	*Chine*	*Pétrole et gaz*
5	Royal Dutcj Shell	*La Haye*	*Pays-Bas*	*Pétrole et gaz*
6	Toyota	*Toyota*	*Japon*	*Automobile*
7	Volkswagen	*Wolfsburg*	*Allemagne*	*Automobile*
8	BP	*Londres*	*Royaume-Uni*	*Pétrole et gaz*
9	ExxonMobil	*Irving*	*États-Unis*	*Pétrole et gaz*
10	Berkshire Halthaway	*Omaha*	*États-Unis*	*Finance*
11	Apple	*Cupertino*	*États-Unis*	*Technologie*
12	Samsung Electronics	*Suwon*	*Corée du Sud*	*Technologie*
13	McKesson	*San Francisco*	*États-Unis*	*Bien-être*
14	Glencore	*Baar*	*Suisse*	*Pétrole*
15	UnitedHealth Group	*Minnetonka*	*États-Unis*	*Assurance et bien-être*

?

CAPACITÉ

Situer un acteur majeur dans un contexte pour préciser son rôle

1. Sur quels continents se situent principalement les grandes entreprises multinationales (DOCS 1 et 3) ?

....

....

....

2. Quel continent n'en compte aucune parmi les cinq cents premières (DOC. 1) ?

....

3. Selon vous, pourquoi les lieux de production ne sont-ils pas implantés sur le même territoire que le siège social (DOC. 2) ?

....

....

....

4. Pourquoi peut-on dire que les entreprises multinationales mettent en place des réseaux (DOC. 2) ?

....

....

....

TRAVAUX PRATIQUES

1. Remplissez la fiche d'identité de trois entreprises multinationales de votre choix présentes dans votre vie quotidienne. Recherchez les informations sur Internet.

2. Sous la forme d'un diaporama illustré, présentez à l'oral les trois entreprises multinationales choisies.

	ENTREPRISE A	ENTREPRISE B	ENTREPRISE C
Nom de l'entreprise			
Continent	*Asie*	*Europe*	*Amérique du Nord*
Pays			
Siège social			
Domaine d'activité			

J'EXPÉRIMENTE

Écoutez le cours associé.
liennathan.fr/h4x62h

6

La mondialisation à l'origine de nouvelles stratégies de localisation

Zara est une marque appartenant au groupe Inditex, une entreprise multinationale espagnole. C'est l'un des premiers groupes textiles au monde. Zara est l'un des pionniers de la **fast-fashion**, c'est à dire le renouvellement rapide des collections, ses produits sont vendus dans le monde entier.

➔ **Comment le circuit d'un vêtement Zara illustre-t-il un réseau de production mondialisé ?**

DOC. 1

L'Espagne, lieu de conception des vêtements de la marque Zara

Une fois au siège d'Arteixo [banlieue de La Corogne, au Nord-Ouest de l'Espagne], un bâtiment de verre et de béton, la visite commence juste derrière le comptoir d'accueil. Une large porte donne accès à un bureau de style pas comme les autres... Il s'agit d'un open space de 24 000 mètres carrés divisé en trois grandes sections (vêtements femme - la plus grande -, homme et enfant), où 300 stylistes, acheteurs et commerciaux travaillent main dans la main pour définir les collections du monde entier. [...]
Toute la journée, des réunions styliste-commercial-acheteur s'improvisent sur un coin de table. En quelques minutes, ils peuvent décider d'une nouvelle coupe, du prix à ne pas dépasser, des quantités... et lancer la production. « Entre le moment où l'on détecte une tendance et la mise en rayon des vêtements, il s'écoule parfois moins de 15 jours », assure Inditex.

Jean-Baptiste Duval, *Plongée dans les coulisses de Zara*, LSA Commerce et Consommation, Décembre 2008.

DOC. 2

Un vêtement Zara

DOC. 3

L'Ouzbékistan, un des fournisseurs de coton

Selon les informations de Ecologie.com, les vêtements qui sont vendus dans les magasins Zara, sont, en grande partie, confectionnée par des personnes exploitées et le coton utilisé est recueilli par des enfants. [...]
Chaque année en septembre, les écoles d'Ouzbékistan sont à l'arrêt parce qu'un million d'enfants doivent se consacrer à la cueillette du coton.

educacionparalasolidaridad.com, 18 avril 2017.

DOC. 4

Les magasins Inditex dans le monde en 2018

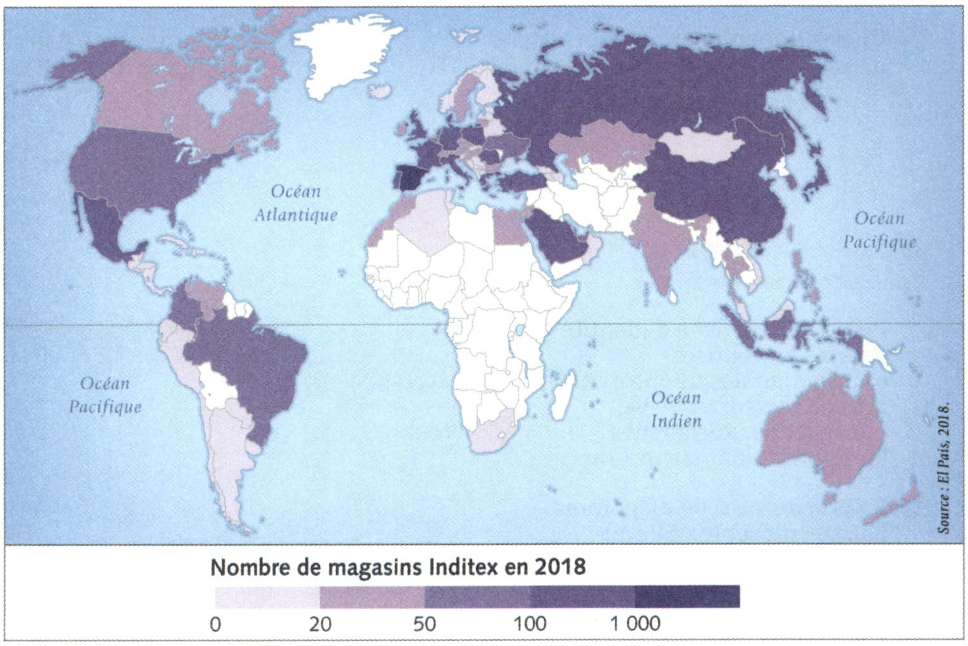

Source : El Pais, 2018.

?

CAPACITÉ

Décrire le circuit d'un bien à l'échelle mondiale

1 Réalisez un croquis.

Titre : ....

Lieu de conception

Fournisseur de coton

Lieu de fabrication

Lieux de consommation

⟶ Trajet du vêtement Zara à travers le monde

MÉTHODE

a. Complétez le fond de carte selon la légende proposée en vous aidant des documents.

b. Rédigez la nomenclature (le nom des lieux).
- en rouge en minuscule, je nomme l'Espagne,
- en noir en minuscule, je nomme l'Ouzbékistan, la Turquie, le Mexique, les États-Unis,
- en noir en MAJUSCULE, je nomme l'EUROPE,
- en bleu en minuscule, je nomme l'océan Atlantique, l'océan Pacifique, l'océan Indien.

c. Donnez un titre à votre croquis.

MATÉRIEL CARTOGRAPHIQUE

Pour réaliser des tâches cartographiques, il faut utiliser du matériel adapté :
- des crayons de couleur pour les figurés de surface ;
- des feutres pour les figurés ponctuels et linéaires ;
- du feutre fin pour la nomenclature.

2 Pourquoi le vêtement Zara illustre-t-il un réseau de production mondialisé ?

....
....
....
....
....
....
....
....

J'EXPÉRIMENTE

Écoutez le cours associé.
liennathan.fr/317sgo

7 L'inégale intégration des territoires dans la mondialisation : Cuba

Cuba est un des derniers États communistes de la planète. Considéré pendant longtemps comme ennemi par les États-Unis, l'île s'ouvre progressivement à la mondialisation. Mais de nombreux freins opèrent encore : ils sont à la fois politiques, économiques et administratifs.

➔ **Cuba est-il toujours un pays à l'écart de la mondialisation ?**

DOC. 1 L'accès à Internet sur l'île de Cuba

Depuis le 6 décembre, l'entreprise publique des télécommunications Etecsa a permis l'accès à Internet sur mobile dans l'île de Cuba. Une avancée importante mais insuffisante pour la liberté à tous d'accéder à l'information, de s'exprimer ou de communiquer, qui témoigne des inégalités de la population cubaine. [...]
Selon un rapport annuel publié début 2018, une personne sur deux utilise désormais Internet dans le monde, et 9 personnes sur 10 consultent les réseaux sociaux sur leur smartphone. À Cuba, la situation est légèrement différente. Les évolutions technologiques y sont marginales en comparaison avec la révolution numérique qui a bouleversé ailleurs les modes de vie au tournant du XXIe siècle. L'archipel des Caraïbes reste l'un des rares territoires de la planète fermé au libéralisme et au capitalisme. Longtemps éloigné de la scène internationale et du commerce mondial, son isolement a commencé à s'ébrécher il y a tout juste une dizaine d'années.

Eugénie Bourlet, *Les Inrockuptibles*, 7 déc. 2018.

DOC. 2 L'embargo des États-Unis sur Cuba

Traduction : Levez l'embargo ! Levez l'embargo !

1 L'Oncle Sam, personnage qui représente traditionnellement les États-Unis. 2 UN = ONU

DOC. 3

Cuba, une île touristique

« Deux millions de touristes ont visité Cuba jusqu'au 18 mai 2018, chiffre considéré comme une expression de la confiance et de la reconnaissance des tours-opérateurs, des voyagistes, des compagnies aériennes et des touristes de toutes les parties du monde envers le produit touristique national et la sécurité qu'offre notre pays. » Cette note de presse du Ministère cubain du Tourisme indique que ce résultat a été obtenu malgré l'impact qu'a laissé l'ouragan Irma (2017).
Malgré aussi le renforcement de l'embargo, des campagnes et des mesures ayant pour but d'entraver les voyages d'Étasuniens à notre pays.

D'après ¡Ahora!, (journal cubain), Mai 2018.

DOC. 4

Cuba, un pays qui ferme ses frontières

« L'État cubain ne veut pas de concurrence, mais il n'a rien à proposer à la place », se lamente Mirta, une employée d'une agence de tourisme en découvrant les interdictions frappant les **importations** de biens de consommation par les particuliers. Les dispositions douanières limitent considérablement le nombre d'articles que les voyageurs peuvent importer, tout en augmentant dans de nombreux cas les taxes d'importation. [...]
Le tout dans le but de « stimuler les achats dans le pays », où toute une série d'articles sont en situation de pénurie chronique, et « protéger le marché intérieur ».

D'après « Malaise à Cuba », www.nouvelobs, Juillet 2014.

?

CAPACITÉ

Construire une argumentation géographique

1. Surlignez dans les DOCS 1 et 3 deux éléments qui montrent que Cuba s'ouvre à la mondialisation.

2. Surlignez d'une autre couleur les éléments qui montrent que Cuba reste fermée à la mondialisation (DOCS 1, 2 et 4).

3. Dans quel but l'État cubain limite-t-il les importations (DOC. 4) ?

....
....
....
....

Selon le témoin interrogé, cette politique est-elle pertinente ?

....
....
....
....

Synthèse

4. Dans un texte d'une dizaine de lignes, répondez à la question posée « Cuba est-il toujours un pays à l'écart de la mondialisation ? ».

....
....
....
....
....
....
....
....
....
....
....

VOCABULAIRE & NOTIONS

- **Embargo :** mesure répressive qui consiste à bloquer les échanges d'un pays avec le reste du monde.
- **Importations :** les achats qu'un État réalise à l'extérieur de ses frontières.

GÉO-PHOTO-GRAPHE

Représenter la mondialisation

➔ Comment JR utilise-t-il la mondialisation pour exposer son travail ?

JR, *Women are heroes*, Le Havre, 2014.

JR (né en 1983)
Photographe, réalisateur et graffeur français. Artiste engagé, il se définit lui-même comme un « artiviste urbain ».

CONTEXTE

→ À partir de 2007, l'artiste JR a lancé son projet *Women are heroes.* Il souhaitait rendre hommage à toutes les femmes en sensibilisant le plus de monde possible sur le sort de ces dernières pendant les guerres. Pour ce faire, il a utilisé des photographies de regard de femmes qu'il a collées sur des supports inattendus : sur des trains au Kenya ou des ponts à Paris… En 2014, il termine son travail au Havre.

▶ **Questionner une œuvre d'art pour construire une analyse géographique**

Méthode

ÉTAPE 1 PRÉSENTER L'ŒUVRE

1. Quelle est la nature de cette œuvre d'art ?

....

2. Qui est l'artiste ?

....

3. Dans quel contexte cette œuvre a-t-elle été réalisée ?

....

ÉTAPE 2 OBSERVER ET DÉCRIRE

4. Sur quel support JR colle-t-il ses photographies ?

....

5. Pourquoi ce support vous semble une bonne idée pour sensibiliser le plus de monde possible ?

....

....

6. Que représentent les photos de JR ?

....

ÉTAPE 3 INTERPRÉTER

7. Pourquoi ces deux œuvres d'art illustrent-elles, à leur façon, la mondialisation ?

....

....

....

....

....

....

....

....

....

JR, *Women are heroes*, Le Havre, 2014.

MÉTHODE

Connaître le langage cartographique

Pour réaliser des productions cartographiques (cartes, schémas, croquis), il faut appliquer certaines règles et surtout il faut connaître et utiliser le **langage cartographique**. C'est « l'alphabet » qui permet de cartographier une multitude d'informations et de phénomènes géographiques.

TROIS GRANDS TYPES DE PRODUCTIONS CARTOGRAPHIQUES

→ LES CARTES

Carte de l'IDH dans le monde

→ LES SCHÉMAS

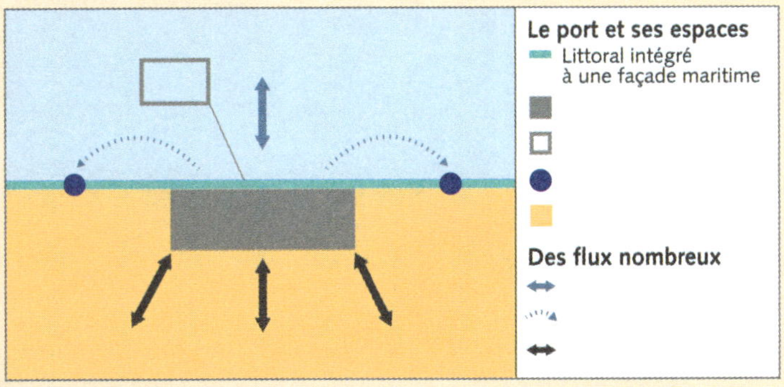

Schéma d'une ZIP

→ LES CROQUIS

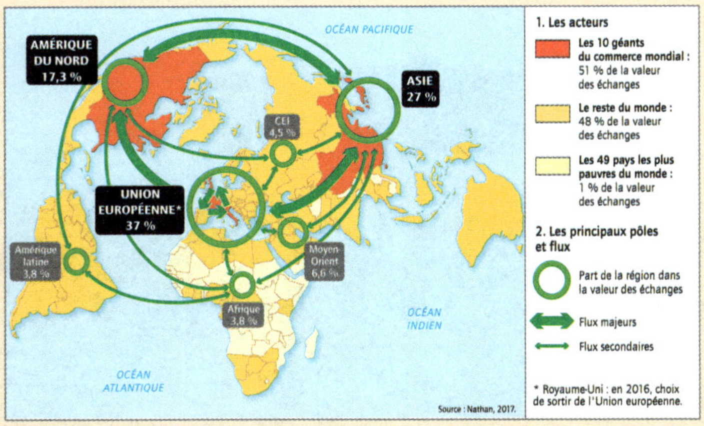

Croquis du commerce mondial

Les productions cartographiques sont composées de cinq éléments essentiels qui sont toujours présents : TOLEN

1. **TITRE :** il donne l'idée générale de la production cartographique.
2. **ORIENTATION :** elle indique le Nord par une flèche dans un coin.
3. **LÉGENDE :** c'est le « code » de la production cartographique car sans elle, on ne peut ni lire ni comprendre ce qui est représenté.
4. **ECHELLE GRAPHIQUE :** elle mesure le rapport entre les distances mesurées sur la production cartographique et les distances réelles sur le terrain. Elle est toujours donnée sur les fonds de carte fournis.
5. **NOMENCLATURE :**
   a. C'est le nom des lieux importants qui doivent apparaître par rapport à l'idée générale de la production cartographique.
   b. Ces noms sont toujours écrits au feutre fin.
   c. Ils sont écrits à l'horizontale à l'endroit où ils seront le plus lisibles.
   d. On hiérarchise les espaces : les continents en majuscule, les pays en minuscule, on fait varier les couleurs des noms…

VOCABULAIRE & NOTIONS

• **Langage cartographique :** ensemble des figurés qui permet de réaliser toutes sortes de productions cartographiques.

LE LANGAGE CARTOGRAPHIQUE

Type de figuré	Qu'est-ce que je représente ?	Quelle forme je choisis ?		Quel matériel j'utilise ?
Figuré de surface	Un phénomène qui s'étend dans l'espace.	pour représenter un même phénomène du plus faible au plus fort.	quand l'espace est déjà coloré. (feutre fin)	Crayons de couleur
Figuré ponctuel	Un lieu précis sur un territoire.	pour représenter différents types de lieux.	pour représenter un même type de lieu du plus petit au plus grand.	Feutres
Figuré linéaire	Un phénomène qui suit une ligne ou qui a une direction dans l'espace.	pour représenter différents phénomènes.	pour représenter un même phénomène du plus petit au plus grand.	Feutres

RÈGLES D'UTILISATION DES COULEURS

1. Le bleu est réservé en général à tout ce qui concerne l'eau (mer, fleuve, port…).
2. Le vert pour les espaces agricoles, la forêt.
3. Le marron pour les montagnes.
4. Les couleurs chaudes pour les valeurs numériques positives.
5. Le fluo est interdit.

Appliquer la méthode

Complétez le tableau en suivant l'exemple.

Informations à cartographier	Figuré	Couleur	Matériel
Axe routier	*Linéaire*	*Noir*	*Feutre*
Frontière européenne surveillée et contrôlée			
Pays accueillant de nombreux étudiants étrangers			
Port			
Flux de marchandises			
Métropole mondiale			

JE RETIENS AUTREMENT

Les idées importantes du Thème 1

Une **carte mentale** permet d'organiser sa pensée et ses connaissances. Elle s'organise autour d'une **idée générale** et se divise en **idées secondaires** de plus en plus précises et en **exemples**. Les **couleurs** permettent de classer les informations sur le même thème pour mieux les retenir.

Relisez les cours 1 et 2 de ce thème et sélectionnez les idées importantes pour compléter la carte mentale. Aidez-vous des cases déjà remplies.

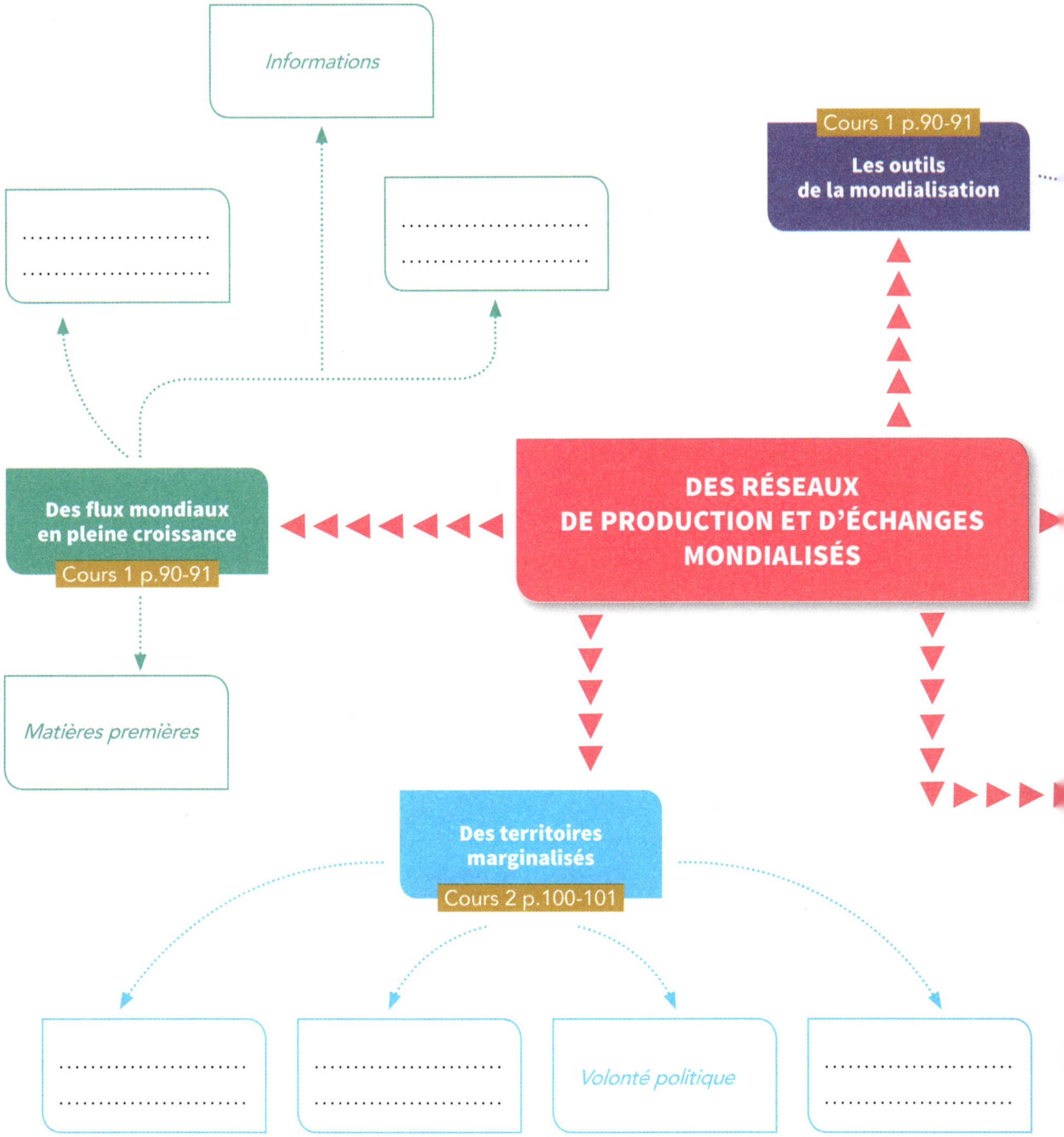

Révolution des transports maritime et aérien

....
....

Cours 2 p.100-101

Les acteurs de la mondialisation

....
....

Consommateurs

....
....

....
....

Les lieux de la mondialisation

Cours 2 p.100-101

....
....

....
....

....
....

Espaces maritimes
Façades maritimes

Thème 2

UNE CIRCULATION CROISSANTE ET DIVERSE DES PERSONNES À L'ÉCHELLE MONDIALE

De plus en plus personnes se déplacent sur Terre, à l'intérieur de leur propre pays mais aussi hors de leurs frontières. Ces **mouvements de populations appelés mobilités** ont plusieurs causes. Ils peuvent être temporaires ou définitifs, volontaires ou contraints. Les mobilités ont des **conséquences** pour les sociétés mais aussi pour les territoires de départ et d'arrivée ainsi que pour ceux que les migrants traversent.

➔ **Pourquoi les mobilités des êtres humains ont une telle ampleur dans le monde d'aujourd'hui ?**
Quelles sont les conséquences pour les territoires concernés ?

Du plus lointain…

DOC. 1

Des migrants vénézuéliens à la frontière entre la Colombie et l'Équateur en 2018

Les mobilités en chiffres

- **143 millions de migrants climatiques** attendus d'ici 2050 (2018, Banque mondiale).
- **5 millions d'étudiants** scolarisés à l'étranger en 2018 (OCDE).
- **1,4 milliard de touristes** dans le monde en 2018 (OMT).
- **28 300 personnes** obligées de fuir chaque jour leur pays à cause de conflits et persécutions en 2017 (HCR).
- **+ de 258 millions de personnes** dans le monde ne vivent pas dans leur pays de naissance en 2018 (INED).
- **48 % des migrants** sont des femmes

Une du *Courrier International*, n°1289, Juillet 2015.

Capacités travaillées

Les ressources du thème

Regardez la vidéo du thème.
liennathan.fr/5r8b2c

...au plus proche

DOC. 2

Des Chinois devant l'entrée du musée du Louvre à Paris

?

1. **Situez la scène du document 1 et décrivez-la.**
2. **Avec laquelle des deux documents mettriez-vous en relation la Une du *Courrier International*.**
3. **Reliez chacun des documents à un chiffre de la mobilité.**

Ça me concerne

4. **Pour quelles raisons les populations des deux documents se déplacent-elles ?**
5. **Que pensez-vous savoir sur ce chapitre avant de l'étudier ?**

Les inégalités de richesse dans le monde

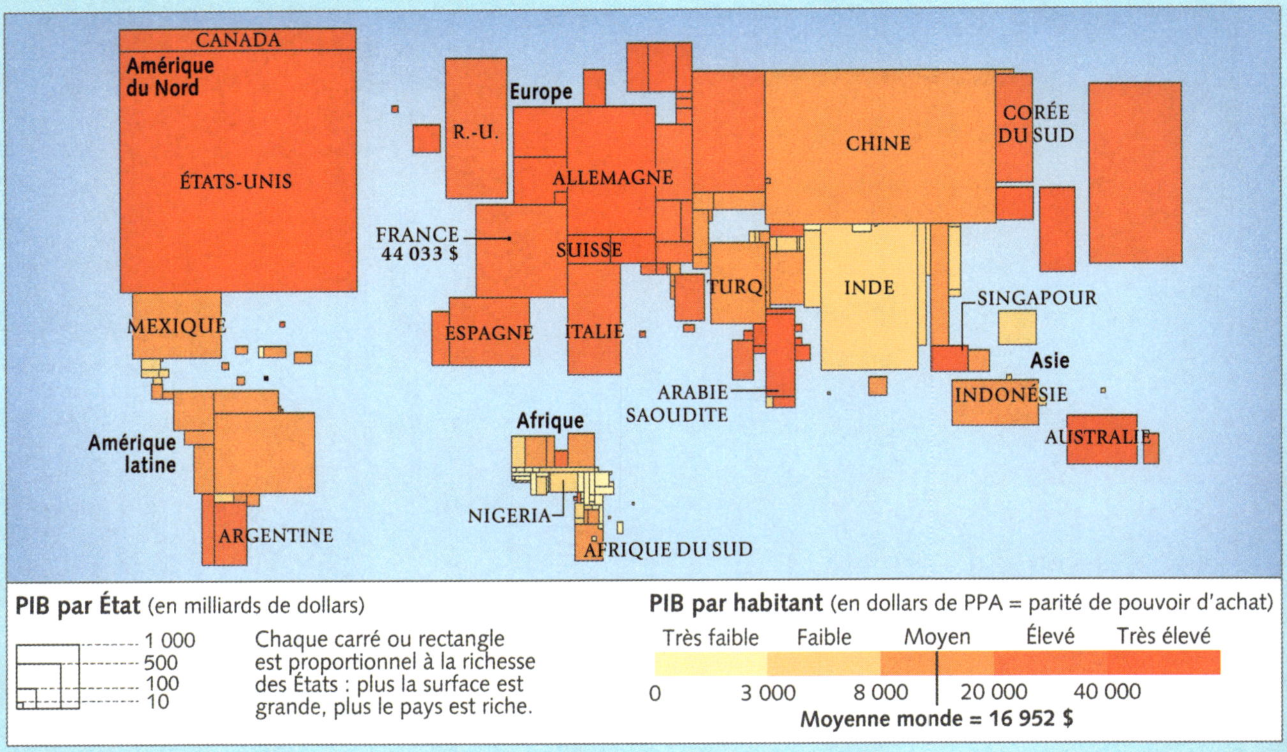

Les inégalités de développement dans le monde

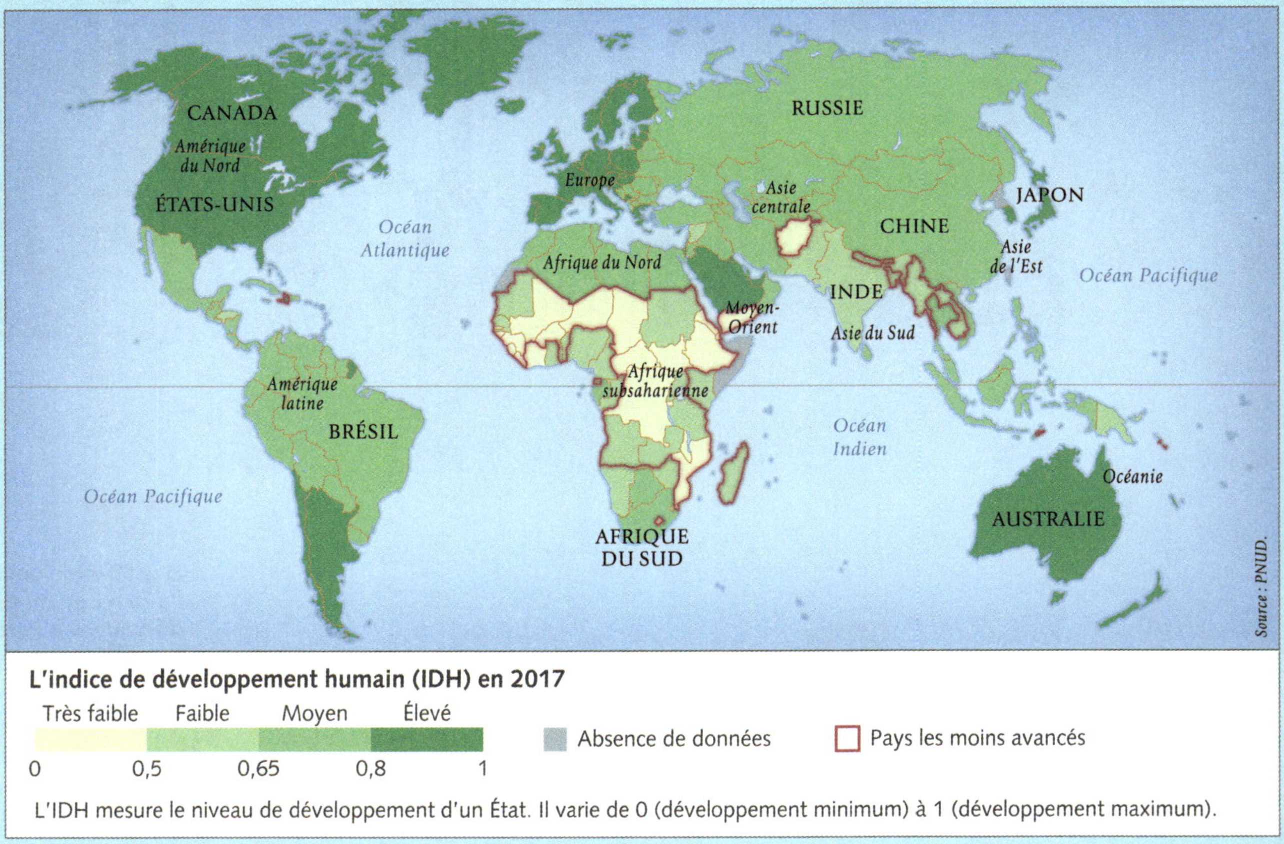

Regardez le portfolio des repères du thème pour **en savoir plus** et mieux les retenir.
liennathan.fr/rg078u

Les morts liés aux différents conflits dans le monde

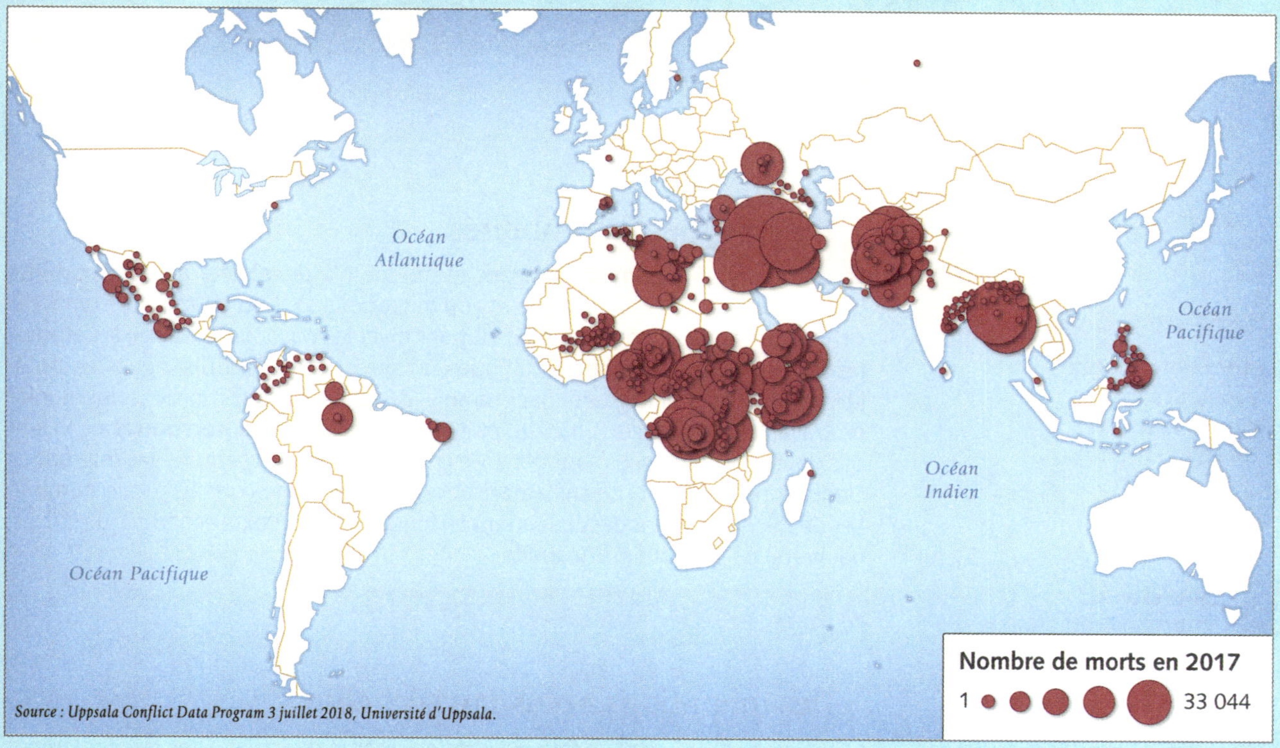

Source : Uppsala Conflict Data Program 3 juillet 2018, Université d'Uppsala.

Les migrations climatiques mondiales

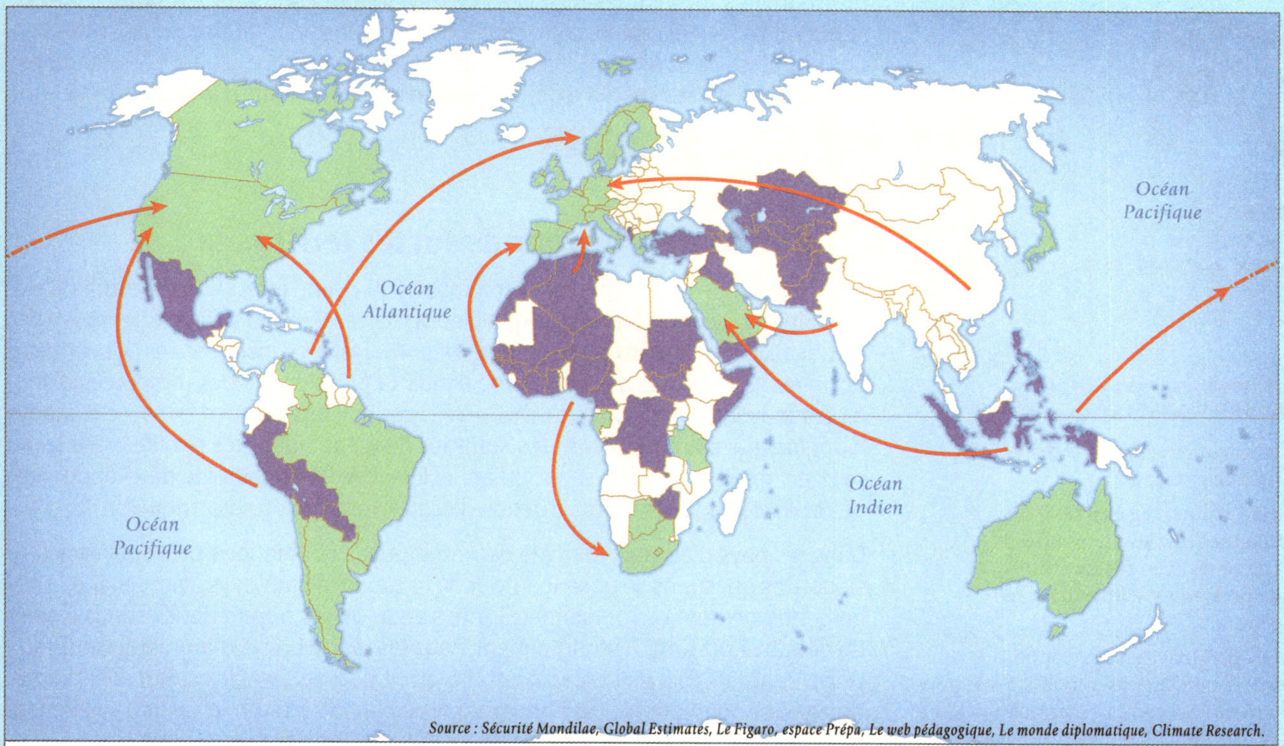

Source : Sécurité Mondilae, Global Estimates, Le Figaro, espace Prépa, Le web pédagogique, Le monde diplomatique, Climate Research.

Les migrations climatiques mondiales

Zones de départ — Zones d'accueil — Flux de migrations mondiaux

COURS 1

LES MIGRATIONS INTERNATIONALES

MÉMORISEZ

Écouter votre cours plusieurs fois vous permettra de mieux le retenir.

L'audio du cours.
liennathan.fr/8s46jk

ON EN PARLE AUTREMENT...

UN FILM
Cédric Klapisch,
L'Auberge espagnole,
2002

VOCABULAIRE & NOTIONS

- **Flux migratoire :** ensemble des personnes en circulation.
- **Mondialisation :** mise en relation des différentes parties du monde grâce à des échanges de marchandises, de personnes, d'informations et d'argent.
- **Pays du Sud :** pays en développement qui ne satisfait pas toujours correctement les besoins essentiels de sa population.
- **Pays du Nord :** pays riche qui a un niveau de vie élevé.
- **Immigré :** personne qui a quitté son pays pour s'installer dans un autre.
- **Mafia :** groupe criminel organisé.

Divers types de mobilités

La circulation des populations dans le monde n'a jamais été aussi importante qu'aujourd'hui. Ces **flux migratoires** ou migrations sont un reflet de la **mondialisation**. Les populations se déplacent pour diverses raisons : le travail, les études, les conflits, les catastrophes climatiques, la santé... Il faut donc distinguer les mobilités contraintes par la guerre par exemple, de celles qui sont choisies pour étudier ou travailler à l'étranger. En 2018, plus de **258 millions de personnes** ne vivent pas dans le pays où elles sont nées. Ce chiffre ne tient pas compte des migrations clandestines qui se font sans autorisation et dont on ne connaît pas le nombre. Les déplacements clandestins varient en fonction du contexte économique (crises, pauvreté) ou géopolitique (conflits).

→ J'EXPÉRIMENTE 1, 2 ET 3 - P. 120, 122, 124

Des migrations à plusieurs échelles

Les migrations peuvent se faire à l'intérieur même des pays. Elles ont également lieu entre les pays qui se trouvent sur le même continent mais aussi entre plusieurs continents. Toutes les régions du monde sont touchées. On distingue de grandes aires de départ, c'est-à-dire des zones du monde d'où partent les populations, et des lieux d'arrivée principaux qui sont de plus en plus nombreux.

Ces mobilités révèlent les inégalités de développement dans le monde. En effet, la majorité des migrations contraintes concerne les populations de **pays du Sud**. Ces populations se dirigent d'abord vers des pays voisins. Ensuite, elles cherchent à rejoindre les **pays du Nord** dans l'espoir d'améliorer leurs conditions de vie.

→ J'EXPÉRIMENTE 4 - P. 126

L'impact des migrations sur les territoires

Pour les régions de départ, les migrations peuvent être source de difficultés. La main-d'œuvre de plus en plus qualifiée quitte ces territoires car elle ne trouve pas de travail. C'est la **fuite des cerveaux**. Néanmoins, les conséquences peuvent être positives. Les départs permettent de limiter la pression sur des ressources disponibles souvent insuffisantes. Les **immigrés** gardent aussi un lien fort avec leur pays d'origine grâce aux **remises**. Ces sommes d'argent aident les familles restées au pays en améliorant leur vie quotidienne. Elles favorisent aussi le développement des **territoires locaux** (construction d'écoles, installations électriques…).

Dans les pays d'accueil, l'arrivée de nombreuses populations provoque des tensions. Des questions se posent autour de la capacité d'un pays à accueillir et à héberger dignement ces personnes. L'intégration de ces populations est aussi objet de débats. Pourtant, historiquement, tous les grands pays d'immigration (États-Unis, France, Brésil, Australie…) ont tiré profit du brassage des cultures et du métissage des populations. Les immigrés participent à l'économie car ils travaillent et consomment. Ils permettent au pays un dynamisme démographique.

Dans les zones traversées par les migrations, l'existence de **mafias**, qui s'enrichissent grâce au trafic d'êtres humains, est une des problématiques.

Certains points de passage aux frontières sont donc très surveillés.

→ J'EXPÉRIMENTE 3 - P. 124

DOC
Des migrations mondialisées

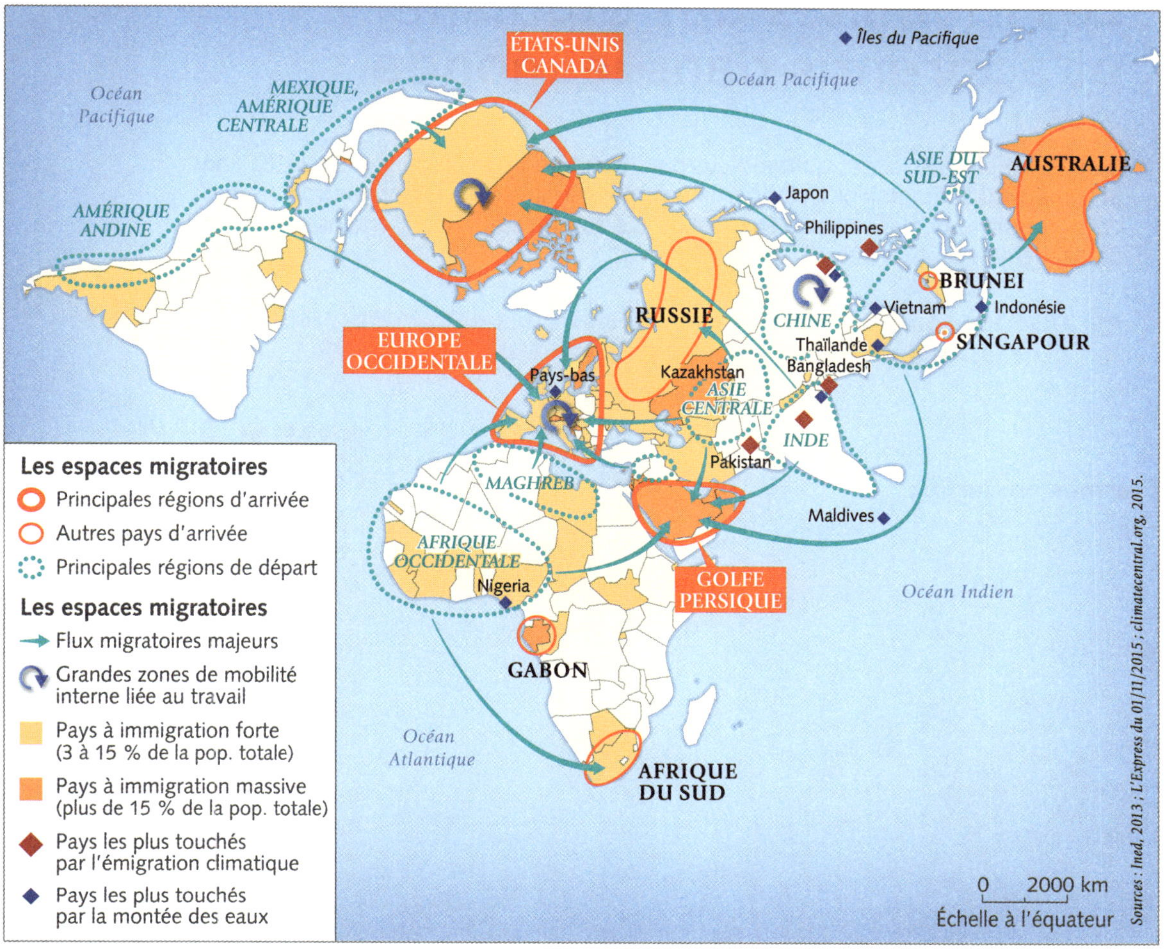

?

Lecture active du cours

1 Quels sont les principaux lieux de départ des migrants dans le monde (DOC. 1) ?

....

....

....

....

2 Quelles sont les grandes régions d'arrivée (DOC. 1) ?

....

....

....

....

3 Pourquoi parle-t-on de migrations mondialisées ?

....

....

....

....

4 Quelles peuvent-être les ressources dont il est question dans le paragraphe 3 ?

....

....

....

....

Synthèse

5 Construisez une phrase avec les trois grandes idées du cours.

....

....

....

....

....

....

....

....

J'EXPÉRIMENTE

Écoutez le cours associé.
liennathan.fr/2wm39t

1 Les mobilités des étudiants et apprentis dans le monde

De plus en plus de jeunes quittent leur pays pour étudier à l'étranger. En 2018, cinq millions d'étudiants étaient scolarisés dans un pays étranger. De nombreux programmes encouragent le déplacement d'étudiants mais aussi d'apprentis. Certains pays sont particulièrement attractifs..

➔ Quelles sont les grandes caractéristiques de la mobilité étudiante dans le monde ?

DOC. 1 Les échanges Erasmus en Europe

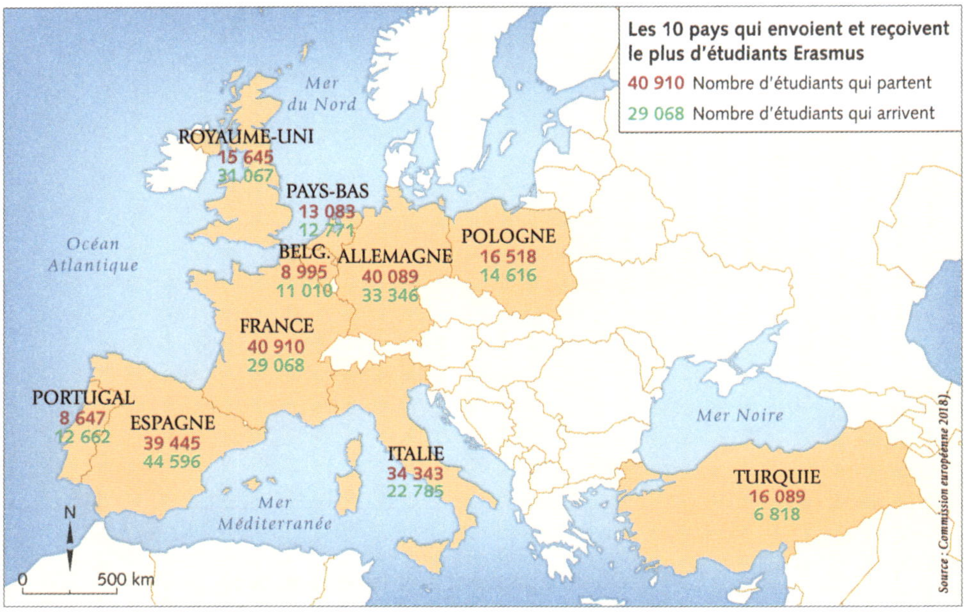

Depuis sa création en 1987, le programme d'échange Erasmus a permis à plus de trois millions de jeunes Européens d'aller étudier dans un autre pays du continent. Ce dispositif permet un échange d'étudiants entre les vingt-cinq pays membres de l'UE ainsi que cinq pays non membres (Islande, Liechtenstein, Macédoine, Norvège, Turquie).

DOC. 2 Témoignages d'apprentis français en mobilité Erasmus

« J'ai appris une seconde langue – l'italien – et j'ai découvert de nouvelles techniques professionnelles pour cuisiner les pâtes. » Julien, 20 ans, a le regard qui pétille. Cet apprenti cuisinier dans un CFA (centre de formation d'apprentis) de Vendée, est parti un an à Côme, en Italie, pour poursuivre sa formation. « Dans le cadre de mon bac pro commerce, je suis partie deux semaines à Varsovie.
Le dépaysement était total dès la sortie de l'aéroport. Et j'ai découvert des méthodes de travail très différentes ! », se réjouit de son côté Jennyfer, 19 ans. Cette apprentie commerciale chez Sport 2000 est partie compléter sa formation chez Décathlon en Pologne. Julien et Jennyfer, deux cas isolés ? Pas tout à fait. En 2017, 6 800 apprentis français sont partis effectuer une mobilité en Europe grâce à une bourse Erasmus+. Et la plupart partent pour une période courte, de deux semaines à quatre mois, contre quatre à douze mois pour les étudiants.

Étienne Gless, *Erasmus+ pour les apprentis : comment partir dès maintenant ?*, www.letudiant.fr, Janvier 2018.

DOC. 3 Étudiants scolarisés à l'étranger : quelques chiffres

MONDE

5 millions d'étudiants sont scolarisés à l'étranger en 2018 dont près d'1 million aux États-Unis.

Source OCDE

ÉTATS-UNIS

Les deux principaux pays d'origine des étudiants étrangers en 2016 sont :
la Chine : **328 547** étudiants
l'Inde : **165 918** étudiants

Source IIE, rapport Open Doors, 2016

FRANCE

Les deux principales zones d'origine des étudiants étrangers en 2016 sont :
l'Afrique **44,8 %**
dont l'Afrique du Nord : 24,2 % ; l'Afrique subsaharienne : 20,6 %.

Source MESRI-DGESIP 2017 /Campus France

Apprenez-en plus sur **les apprentis en Europe.**
liennathan.fr/u0g0a0

VOCABULAIRE & NOTIONS

• **Mobilité :** déplacement des personnes.

?

CAPACITÉ

Réaliser un croquis

1 **Identifiez les mobilités des étudiants et des apprentis en Europe et dans le monde.**

Titre : ....

☐ Pays accueillant le plus d'étudiants étrangers dans le monde

☐ Les trois pays européens les plus actifs dans le programme Erasmus

.... Exemples de mobilité Erasmus des apprentis

☐ Grandes zones émettrices d'étudiants scolarisés à l'étranger

⟶ Flux d'étudiants

MÉTHODE

Complétez le fond de carte.

- **Coloriez** en orange, à l'aide du **DOC. 1**, les trois pays les plus actifs dans les échanges Erasmus.
- **Nommez** en noir les deux pays dans lesquels les deux apprentis ont fait leur séjour Erasmus (**DOC. 2**).
- À l'aide du **DOC. 3**, **coloriez** en rouge le pays est le plus attractif pour les étudiants étrangers.
- **Coloriez** en vert les deux pays qui envoient le plus d'étudiants aux États-Unis.
- **Tracez** au feutre une flèche verte depuis ces pays en direction des États-Unis.
- **Tracez** une flèche verte depuis les zones émettrices vers la France.
- **Réalisez** la nomenclature (le nom des lieux).
- **En noir**, en minuscule, nommez les États-Unis, la Chine et l'Inde.
- **En noir**, en majuscule, nommez l'Afrique.
- **En bleu** en minuscule, nommez l'océan Atlantique, la mer Méditerranée, la mer Noire.
- **Complétez** les figurés de la légende.

MATÉRIEL CARTOGRAPHIQUE

Pour réaliser des tâches cartographiques, il faut utiliser du matériel adapté :

- des crayons de couleur pour les figurés de surface ;
- des feutres pour les figurés ponctuels et linéaires ;
- du feutre fin pour la nomenclature.

2 **Donnez un titre à votre croquis.**

3 **Pourquoi peut-on dire que la mobilité des étudiants reflète les inégalités de développement mondiales ?**

....
....
....
....

J'EXPÉRIMENTE

Écoutez le cours associé.
liennathan.fr/xd478u

2 Les mobilités des Français de l'étranger

En 2008, entre 2,5 et 3 millions de Français sont installés dans un autre pays que le leur. On les appelle les « Français de l'étranger ». Les raisons pour lesquelles ils ont quitté la France sont multiples et ils s'installent partout dans le monde. Ils forment une **diaspora**.

➔ Qui sont les « Français de l'étranger » ?

DOC. 1 Les 10 premiers pays d'installation des « Français de l'étranger »

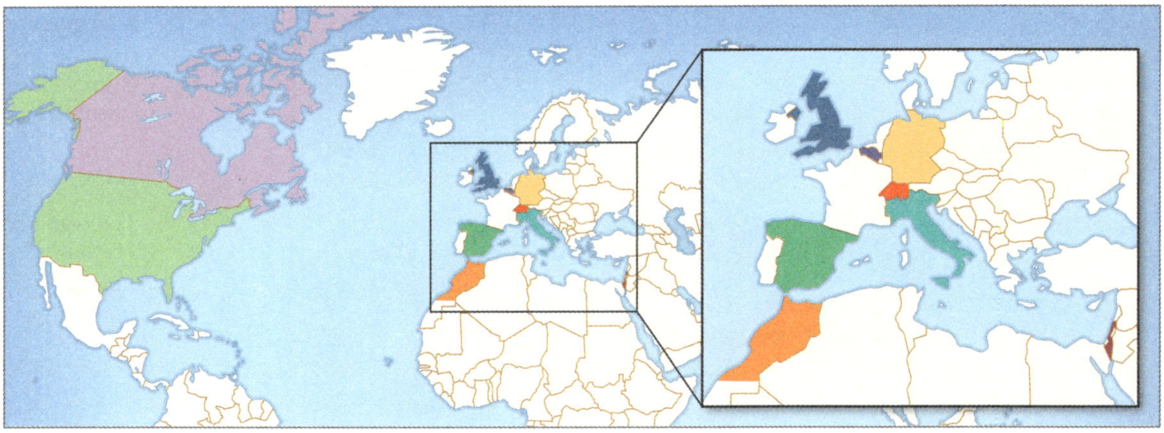

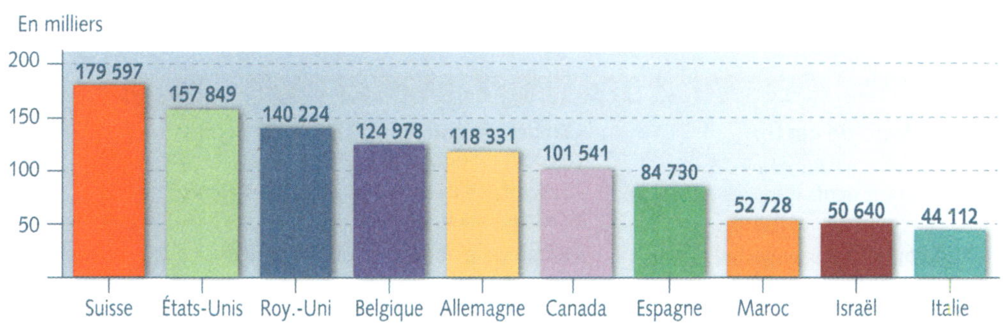

Source : Registre des Français établis hors de France (2017).

DOC. 2 Les retraités français de plus en plus nombreux à quitter la France

Plus d'un million de seniors ont déjà choisi de s'établir à l'étranger pour mieux vivre leur retraite. [...] En quête d'une meilleure qualité de vie et d'un climat plus clément, les sexagénaires se tournent vers des pays d'accueil situés non loin de la France comme le Maroc, l'Algérie, la Tunisie, l'Espagne, le Portugal, la Grèce et l'Italie. Comme le coût de la vie y est de 15 % à 20 % moins cher, les retraités peuvent mieux y vivre avec leur pension. Pour profiter d'un niveau de vie jusqu'à 50 % moins cher, il faut partir plus loin comme en Thaïlande ou au Brésil.

« Retraite à l'étranger », www.retraite.com

VOCABULAIRE & NOTIONS

- **Diaspora :** communauté formée par les immigrés d'un même pays à l'étranger qui se trouvent dispersés dans plusieurs pays.
- **Expatrié :** personne qui s'installe à l'étranger pour des raisons professionnelles.

CAPACITÉ

▶ Travailler en équipe pour décrire une situation géographique

DOC. 3

Les raisons pour lesquelles les Français s'installent à l'étranger

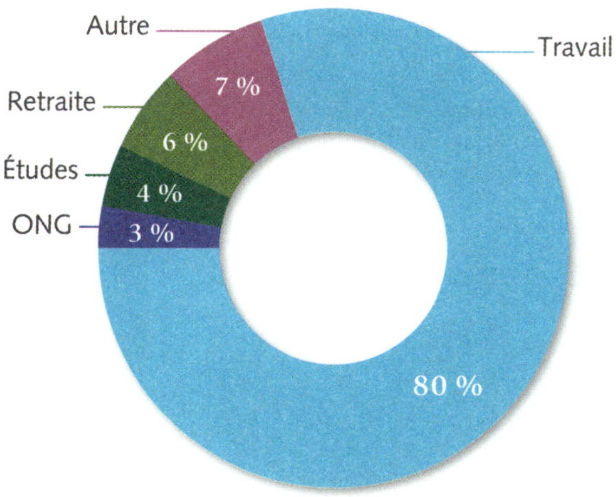

DOC. 4

Les expatriés français : des travailleurs majoritairement qualifiés

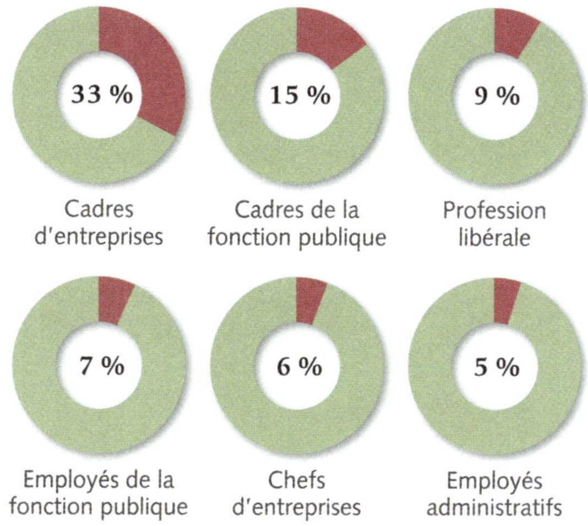

DOC. 5

Les « Français de l'étranger » votent aux élections françaises

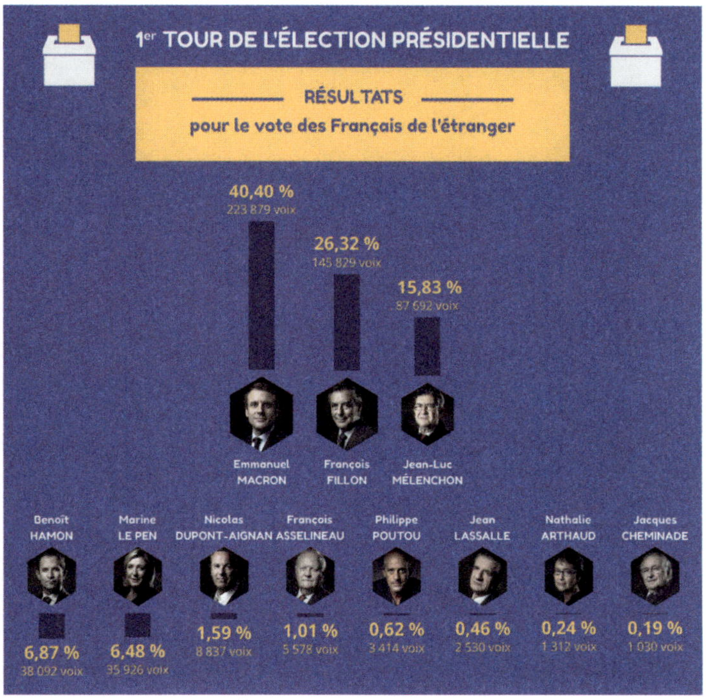

La France est représentée dans le monde grâce à un réseau de 163 ambassades et 92 consulats. On y vote, mais ils permettent aussi de venir en aide aux Français de l'étranger.

Apprenez-en plus sur **les expatriés.**

liennathan.fr/d5p25j

CAPACITÉ

Travailler en équipe

Vous travaillez pour RFI (Radio France International). Dans le cadre d'un reportage sur les Français de l'étranger, vous réaliserez un diaporama. Vous montrerez :

- combien ils sont et où ils s'installent majoritairement ;
- ce qu'ils font ;
- le lien qu'ils maintiennent avec la France.

Repérez ces informations en les surlignant de couleurs différentes.

Vous pouvez ajouter du son à votre diaporama. Enregistrez votre commentaire sur votre téléphone puis insérez le fichier dans le diaporama.

J'EXPÉRIMENTE

Écoutez le cours associé.
liennathan.fr/hlt706

3 Une zone de passage et de contrôle, la frontière entre l'Espagne et le Maroc

Une frontière est à la fois une séparation et un lieu de passage entre deux territoires. La frontière entre l'Espagne et le Maroc sépare deux pays et deux continents. C'est un lieu particulièrement sensible et très surveillé. Chaque jour elle est traversée par de nombreux flux humains. Certains sont légaux, d'autres illégaux.

➔ **Pourquoi la frontière hispano-marocaine est-elle un espace sous contrôle ?**

DOC. 1

La frontière entre l'Espagne et le Maroc

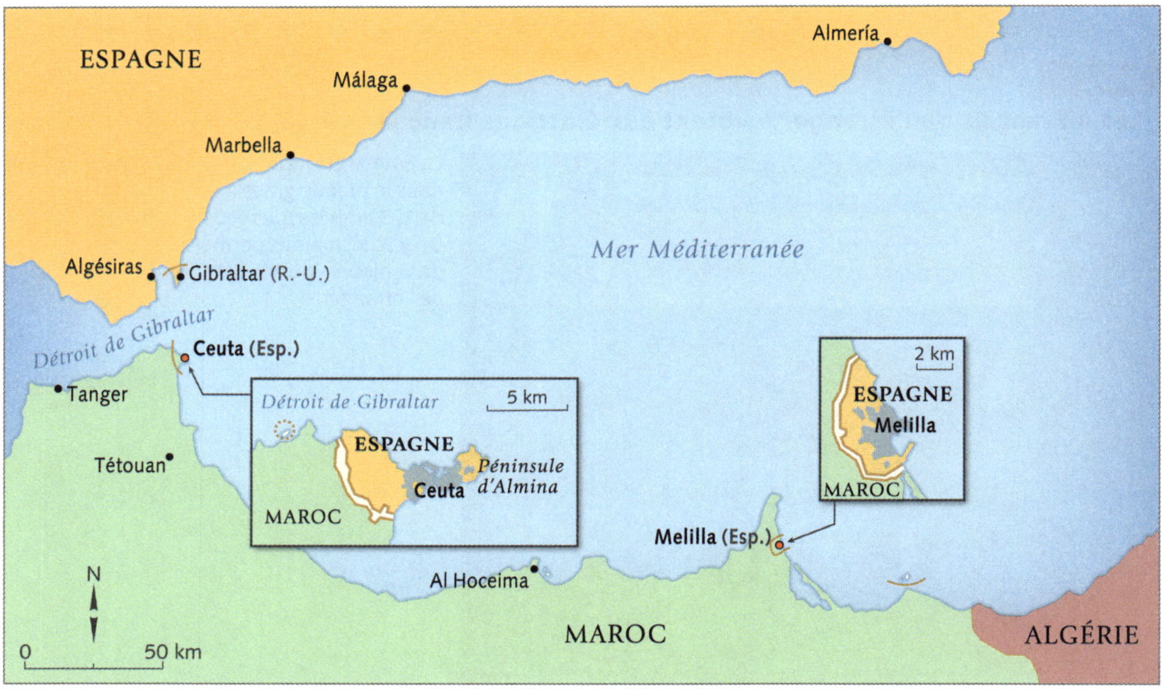

Ceuta et Melilla sont deux territoires espagnols situés sur le continent africain, sur le littoral méditerranéen.

DOC. 2

Le détroit de Gibraltar, une frontière sous étroite surveillance

Ce bras de mer de 14 kilomètres, qui sur les cartes sépare deux continents, est une frontière impossible. Le détroit s'est imposé comme l'espace modèle de la « frontiérisation[1] » de l'espace Schengen, mais aussi le symbole de son inefficacité. La réactivité des migrants et leur capacité à contourner les dispositifs européens soulignent l'impuissance d'une politique de fermeture menée sans projet de développement des pays émetteurs. Le détroit sépare aussi l'Europe de l'Afrique. Des transbordeurs[2] rapides et classiques assurent la liaison, pour le passage des personnes et des véhicules. C'est un point de passage de l'immigration clandestine vers l'Europe. Cette dernière se fait aussi par traversée du détroit, parfois sur des ebarcations de fortune causant de nombreux morts. Le chiffre fait l'objet d'une polémique : il est d'au moins plusieurs dizaines par an, mais certains parlent de milliers.

1. Renforcement des dispositifs de surveillance des frontières extérieures de l'UE. – 2. Bateaux à moteurs.

Gibraltar, Le détroit de tous les rêves et de tous les dangers, www.tanger-experience.com, 2016.

Apprenez-en plus sur **le Détroit de Gibraltar**.

liennathan.fr/64w1gg

CAPACITÉ

▸ Questionner des documents pour construire une analyse géographique

DOC. 3

Des migrants africains tentent de franchir la frontière espagnole à Melilla en 2018

Légende : ....

DOC. 4

File de voitures à Algésiras attendant d'embarquer pour traverser le détroit de Gibraltar en 2017

Légende : ....

CAPACITÉ

Questionner des documents pour conduire une analyse géographique

1. Localisez et situez sur la carte les photos 3 et 4.
2. Identifiez les passages du document 2 qui pourraient servir de légende à chaque photo et écrivez-les à côté de chacune d'elle.
3. Pour chaque photo, identifiez la nature de la migration : légale ou illégale.

Document 3 : ....

Document 4 : ....

Rédiger

4. Dans un texte organisé, montrez que le détroit de Gibraltar est une zone de passage et de contrôle pour les migrations internationales.
Vous utiliserez les mots suivants pour construire votre réponse :
clandestins • touristes • barrières • migrants, surveillance • mer Méditerranée, ainsi que des noms de lieux cités dans les documents.

....

J'EXPÉRIMENTE

Écoutez le cours associé.
liennathan.fr/qo639y

4

Des migrations à plusieurs échelles : la Sierra Leone

La Sierra Leone est un pays d'Afrique de l'Ouest, une des grandes aires de départ de la population vers les pays voisins et d'autres pays du monde. C'est un des pays plus pauvres de la planète, il est classé 179e sur 188 pour l'**indicateur du développement humain** (IDH, 2016).

➔ **Pour quelles raisons les habitants de la Sierra Leone migrent-ils ? Où vont-ils ?**

DOC. 1

Un pays soumis à de nombreuses difficultés

La Sierra Leone, qui a connu plusieurs coups d'État, a sombré dans une **guerre civile** qui a duré onze ans (1991-2002) [...]. Le conflit, qui fait 120 000 morts et des centaines de milliers de réfugiés, est marqué par de multiples exactions[1] et mutilations contre des civils. [...] Avec plus de 3 900 morts, la Sierra Leone a été, avec la Guinée et le Liberia, l'un des trois pays les plus affectés par l'épidémie d'**Ebola**, survenue en Afrique de l'Ouest en décembre 2013, et qui a duré plus de deux ans. [...] Au cours des 15 dernières années, le pays a par ailleurs été touché par quatre inondations majeures qui ont affecté plus de 220 000 personnes et causé des dommages économiques graves [...].

1. Actes de violences.

Portrait de la Sierra Leone, meurtrie par la guerre civile puis Ebola, www.voaafrique.com, Mars 2018.

DOC. 2

Les maisons ravagées par les inondations, août 2017

© RFI/Stéphanie Aglietti

VOCABULAIRE & NOTIONS

- **IDH :** indicateur mesurant la capacité d'un pays à satisfaire les besoins de sa population.
- **Guerre civile :** guerre opposant les habitants d'un même pays.
- **Ebola :** maladie mortelle très contagieuse.
- **Réfugié :**
1) au sens large, personne obligée de quitter son lieu de vie pour des raisons politiques, climatiques ou sanitaires et qui vit dans un camp d'accueil.
2) statut juridique concédé par un État qui offre une protection à certains migrants.

DOC. 3

Témoignage de Mohamed : un réfugié originaire de la Sierra Leone (2016)

J'ai quitté la Sierra Leone parce que je voulais aller en Italie. Mon ami m'a conseillé de passer d'abord par l'Algérie pour que nous puissions y gagner de l'argent. En cours de route, le chauffeur, nous a vendu à des hommes, et a pris tous nos objets de valeur, y compris nos téléphones et documents. Dès notre arrivée en Algérie, ils nous ont mis dans une sorte de prison. [...] J'étais là pendant 15 jours, sans nourriture ni eau, et avec plus de 70 autres personnes dans la même pièce. [...]
Ce sont de jeunes Algériens qui nous ont sauvés. Ils avaient entendu parler de la situation de la traite des êtres humains dans la région [...]. Ils nous ont emmené au poste de police et nous ont dit d'appeler nos familles pour qu'ils nous aident à retourner. Au poste de police, il y avait un énorme groupe de migrants, y compris beaucoup de femmes et d'enfants.
Nous avons demandé à la police d'appeler l'OIM[1], mais ils nous ont dit que ça devait attendre notre arrivée au Niger. Une fois arrivés, nous avons vu le personnel de l'OIM. Ils étaient venus pour nous aider. Nous leur avons dit tout ce qui s'était passé et ils nous ont emmenés à leur centre à Agadez[2].

1. Organisation Internationale des Migrants liée à l'ONU.
2. Ville du Niger devenu un centre où convergent les flux migratoires.

D'après *iamamigrant.org*, site Internet de l'OIM.

?

CAPACITÉ

Décrire une forme de mobilité internationale

1 **Après avoir lu l'ensemble documentaire, complétez la carte mentale pour décrire les raisons qui poussent certains habitants de la Sierra Leone à quitter leur pays.**

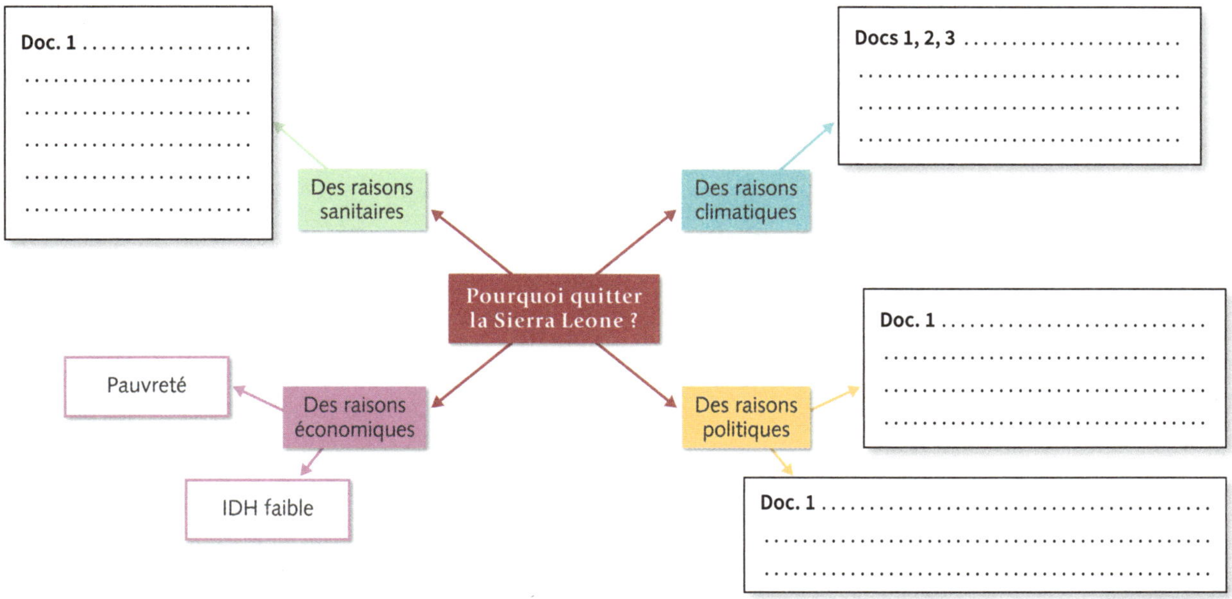

2 **À l'aide du document 4, complétez le tableau qui raconte le parcours de Mohamed.**

Raisons possibles du départ	Destination désirée	Territoire de transit	Acteurs illégaux rencontrés	Acteurs légaux rencontrés	Destination finale

COURS 2

LES MOBILITÉS TOURISTIQUES

MÉMORISEZ

Écouter votre cours plusieurs fois vous permettra de mieux le retenir.

L'audio du cours. liennathan.fr/1mf1t3

Des mobilités touristiques qui explosent

Le **tourisme international** est en très forte croissance. Le nombre de touristes internationaux a été multiplié par trois depuis les années 1990 pour atteindre 1,4 milliard en 2018. C'est un secteur important de l'économie mondiale. Il représente désormais 10 % du PIB mondial et un emploi sur dix dans le monde. Dans certains pays, ces chiffres sont encore plus élevés. Cette croissance des flux touristiques est à mettre en relation avec une **augmentation des revenus** de la population à l'échelle mondiale.

Les agences de voyages, y compris celles sur Internet proposent une offre touristique toujours plus variée : **tourisme balnéaire**, de sports d'hiver, culturel, religieux, de divertissement, médical, d'affaires, sportif, humanitaire…

La révolution du transport aérien est une autre raison explicative. Les avions sont de plus en plus gros et transportent de plus en plus de personnes. Les **compagnies *low cost*** se sont multipliées. Le coût des billets d'avion n'a cessé de diminuer.

→ J'EXPÉRIMENTE 5 - P. 130

Une géographie touristique qui se mondialise

Faire du tourisme nécessite un certain niveau de vie. Aussi, ce sont les pays du Nord qui sont les principaux émetteurs de touristes. Cependant, ces dernières années, les **pays émergents** voient se développer une classe moyenne de plus en plus nombreuse qui voyage davantage. Longtemps, les principaux espaces touristiques se sont situés dans les pays du Nord. La France et Paris restent les premières destinations mondiales. L'Europe est le premier foyer émetteur et récepteur de touristes au monde : les Canaries, la Catalogne et les Baléares en Espagne, la côte adriatique croate ou l'Île-de-France sont les régions européennes les plus visitées. On assiste cependant à la montée en puissance de nouvelles destinations : la Chine, la Turquie ou encore le Mexique.

→ J'EXPÉRIMENTE 6 - P. 132

L'impact du tourisme sur les territoires

Les régions réceptrices tirent de grands profits de l'activité touristique. Cette activité crée des **emplois** et rapporte des **revenus** importants. Mais le tourisme peut modifier en profondeur les sociétés, les territoires et les paysages. Le **tourisme de masse dégrade l'environnement** : il produit d'importantes émissions de gaz à effet de serre à l'origine du réchauffement climatique. Il est aussi source de nuisances auprès des populations locales : bruit, augmentation générale des prix, pollution…

Par ailleurs, l'activité touristique d'un pays peut s'effondrer en fonction de son contexte politique ou environnemental : les guerres, les catastrophes naturelles ou les attentats font fuir les touristes. Pour les pays qui ont fait du tourisme une activité sur laquelle repose leur économie, les conséquences sont désastreuses.

Aujourd'hui, l'idée de **tourisme durable** est au centre des préoccupations.

→ J'EXPÉRIMENTE 7 ET 8 - P.134, 138

ON EN PARLE AUTREMENT…

UN FILM
Patrice Leconte, *Les Bronzés*, 1978

UNE BD
Hergé, *Vol 714 Pour Sydney*, Casterman, 1968

VOCABULAIRE & NOTIONS

- **Tourisme balnéaire :** tourisme de plage.
- **Compagnie *low cost* :** compagnie aérienne qui vend des billets à bas prix mais en proposant un service minimal au passager.
- **Pays émergent :** pays du Sud qui s'enrichit et satisfait mieux les besoins de sa population.
- **Tourisme de masse :** forme de tourisme qui concerne un très grand nombre de personnes grâce à des prix de voyage et de séjour bon marché.
- **Tourisme durable :** tourisme qui prend en compte les aspects économiques, sociaux et environnementaux.

DOC. 1
Grands espaces et flux touristiques

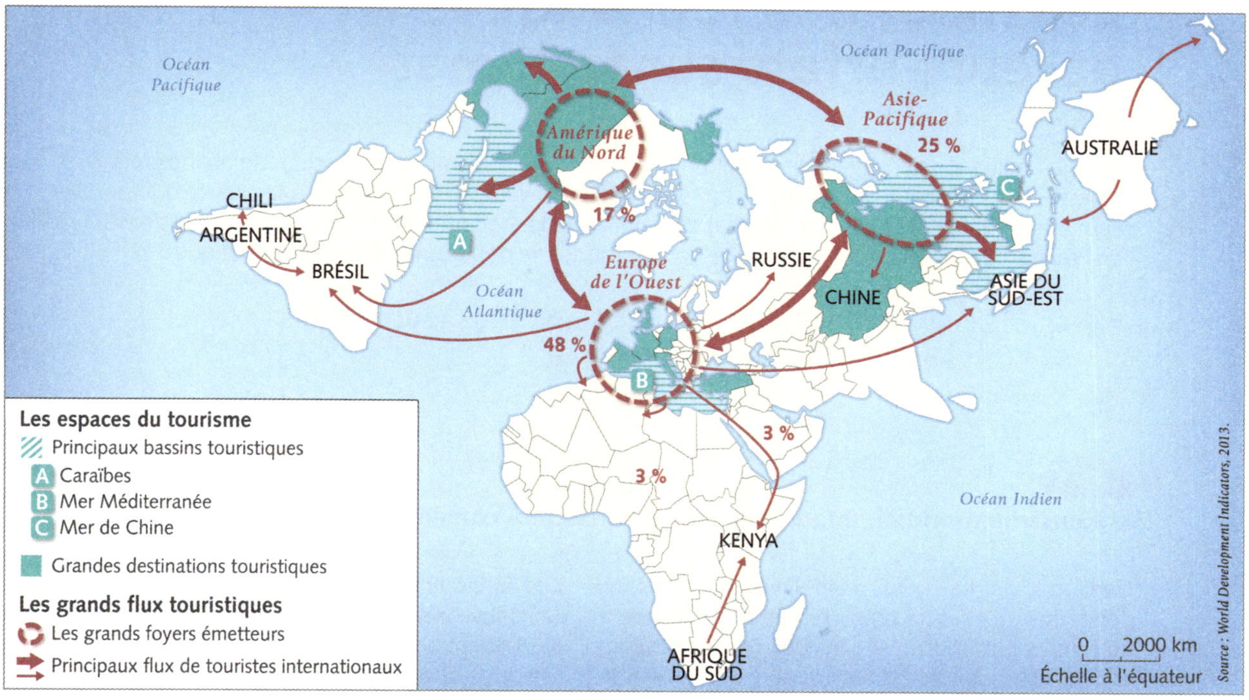

DOC. 2
Les cinq sites mondiaux les plus visités (2017)

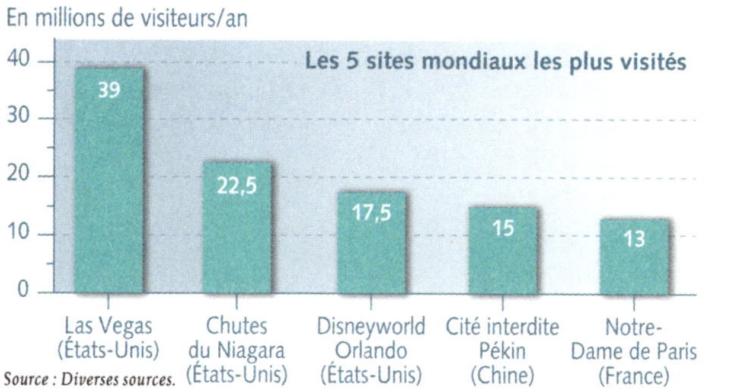

DOC. 3
Les cinq sites français les plus visités (2017)

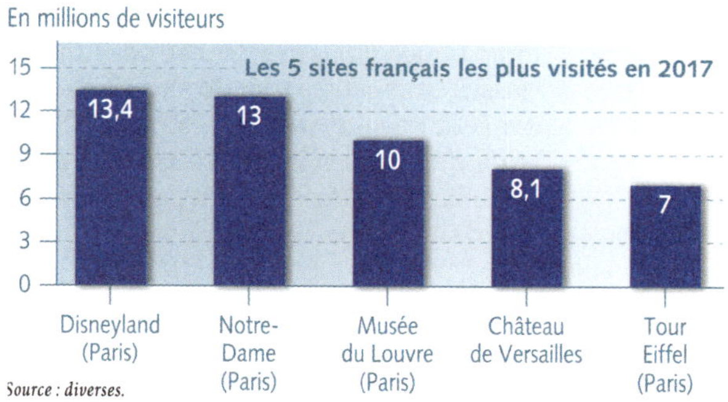

?

Lecture active du cours

1 Nommez et localisez :

- **les trois grandes régions émettrices de touristes dans le monde (DOC. 1) ;**

....

....

- **les trois grandes destinations touristiques mondiales (DOC. 1) ;**

....

....

- **les trois grandes zones du tourisme balnéaire dans le monde (DOC. 1).**

....

....

2 Où se trouvent majoritairement les sites touristiques les plus visités dans le monde ?

....

....

....

3 Surlignez dans le cours les destinations touristiques européennes.

4 Quels types de tourisme illustrent les cinq sites touristiques les plus visités en France (DOC. 3) ?

....

....

....

J'EXPÉRIMENTE

Écoutez le cours associé.
liennathan.fr/l1a5t8

5 Les mobilités touristiques et leurs effets sur le climat

Avec 1,4 milliard de voyageurs internationaux en 2018, le tourisme est un secteur en pleine croissance. Il rapporte beaucoup d'argent aux pays qui ont développé cette activité. Mais parce qu'une semaine de vacances à Bali (Indonésie) en trajet aérien émet autant de CO_2 qu'une année de vie en France, beaucoup remettent en question les modes de déplacement à visée touristique.

➔ Quel lien peut-on établir entre les mobilités touristiques et le réchauffement climatique ?

DOC. 1 Le tourisme mondial, une « empreinte carbone » considérable

Une étude de chercheurs australiens, chinois et indonésiens, [...] révèle que « l'empreinte carbone » du tourisme mondial est considérable. Selon leurs calculs, cette activité est responsable d'environ 8 % du total des émissions de gaz à effet de serre (GES) de l'humanité. À titre de comparaison, le transport maritime représente 3 % des émissions mondiales de CO_2. Sans surprise, les Américains pèsent le plus fortement dans ce bilan (un quart des « émissions touristiques »). Ils sont suivis des Chinois, dont les classes émergentes sont de plus en plus voyageuses. Arrivent ensuite, dans le « top 10 » des pays émetteurs de GES liés au tourisme, l'Allemagne, l'Inde, le Mexique, le Brésil, le Canada, le Japon, la Russie et le Royaume-Uni.

Les auteurs attirent l'attention sur la situation des États insulaires[1], comme les Maldives, les Seychelles, la République de Maurice ou la République de Chypre, qui constituent des destinations exotiques très prisées des vacanciers et où le tourisme de masse génère « de 30 % à 80 % » des émissions nationales de CO_2. Une contrepartie chèrement payée aux retombées économiques de l'afflux de visiteurs.

1. Pays dont le territoire est composé d'une ou plusieurs îles ou archipels.

Pierre Le Hir, *Le tourisme fait s'envoler le réchauffement planétaire*, www.lemonde.fr, Mai 2018.

DOC. 2 « L'empreinte carbone » du tourisme à Paris et en Île-de-France

Répartition des émissions totales de CO_2 selon les différents postes

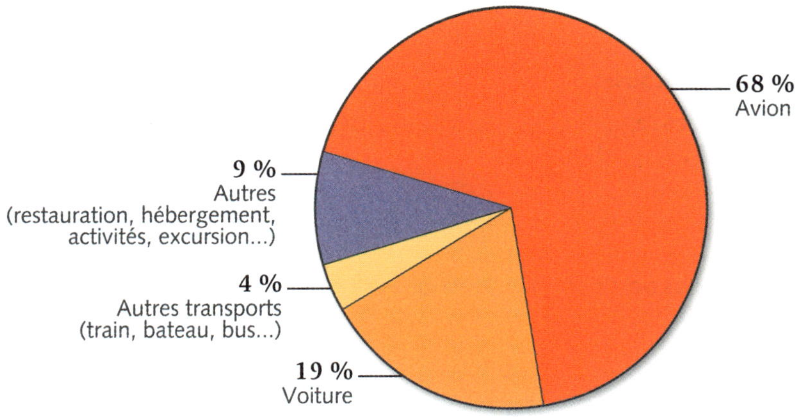

Source : Énergie demain, Comité régional du tourisme.

Le premier bilan de l'empreinte carbone du tourisme réalisé par le Comité Régional du Tourisme (CRT) de la région Île-de-France en 2014, relève un total de 17,5 millions de tonnes équivalent CO_2 par an, soit un montant équivalent à 3,6 millions de tours de la planète en voiture…

Source : www.univers-nature.com

VOCABULAIRE & NOTIONS

• **Empreinte carbone :** l'émission de gaz à effet de serre que provoque une activité humaine, ici, le tourisme.

CAPACITÉ

▶ Comprendre le lien entre transport et réchauffement climatique

DOC. 3

L'avion, un mode de transport trop polluant

Une du journal *Libération*, 03 avril 2019.

DOC. 4

Les engagements de l'Aviation Civile Internationale

Pour limiter l'impact de l'aviation sur le changement climatique, l'OACI (Organisation de l'Aviation Civile Internationale) a développé un panier de mesures. En effet, chaque mesure prise séparément ne peut suffire pour atteindre l'objectif de stabilisation des émissions. C'est pourquoi, quatre leviers sont actionnés en même temps :

- l'amélioration de la performance environnementale des avions,
- des procédures opérationnelles conduisant à réduire la consommation de carburant,
- le développement des biocarburants aéronautiques.
- les mesures économiques (compenser les émissions de CO_2 qui dépassent le niveau atteint en 2020 à l'aide de crédits achetés sur le marché du carbone[1]).

1. Outil visant à réduire les émissions de gaz à effet de serre en permettant d'acheter un « droit à polluer ».

Ministère de la Transition écologique et solidaire, DGAC, Aviation et changement climatique, 2016.

?

CAPACITÉ

Comprendre le lien entre transport et réchauffement climatique

1. Quelle est l'empreinte carbone du tourisme dans le monde (DOC. 1) ?

2. Quels espaces sont les plus fragilisés (DOC. 1) ?

3. Montrez que le transport lié au tourisme est l'activité la plus polluante (DOC. 2).

4. Quelles solutions sont proposées par l'Aviation Civile Internationale (DOC. 4) ?

5. Pourquoi faudrait-il arrêter de prendre l'avion (DOC. 3) ?

6. Répondez à la question posée en Une par le journal *Libération* : « *Faut-il sacrifier notre liberté (de voyager) pour sauver la planète ?* » DOC. 3. EMC P. 146-147

J'EXPÉRIMENTE

Écoutez le cours associé.
liennathan.fr/wc32p5

6 La France, première destination touristique mondiale

....

La France est la première destination touristique du monde. Elle possède de nombreux atouts qui la rendent très attractive. En 2018, près de 90 millions de touristes internationaux ont visité le pays, auxquels il faut ajouter les Français qui choisissent de partir en vacances dans leur propre pays. Cependant, les visiteurs privilégient certains espaces du territoire.

➔ **Quels sont les atouts français en matière touristique ?**
Quelles sont les grandes régions touristiques ?

DOC. 1

Les grands lieux du tourisme en France

Plage de l'Anse Noire, Martinique

....

Musée du Louvre, Paris

....

Disneyland, Marne-La-Vallée

....

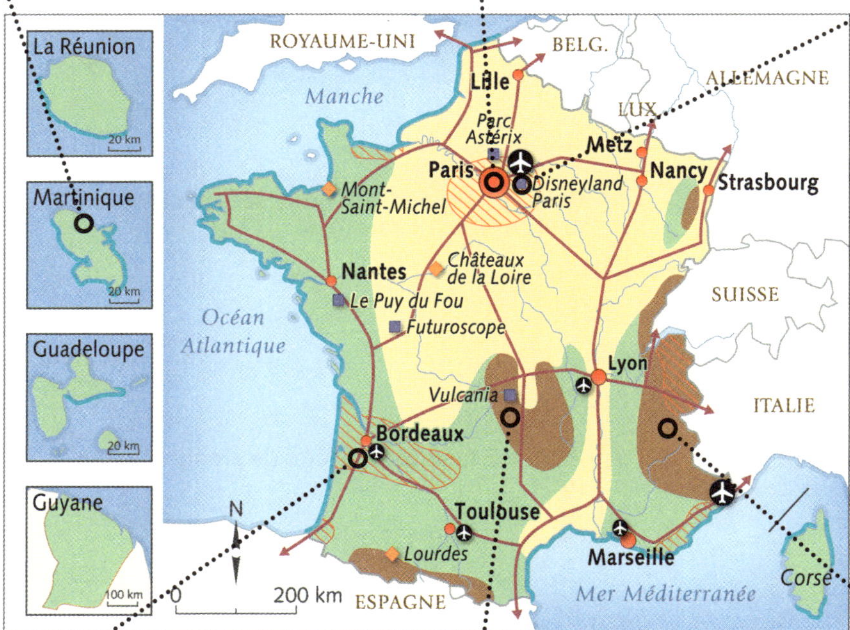

Les espaces touristiques français
- Tourisme balnéaire
- Tourisme de montagne
- Tourisme vert
- Espaces de tourisme international

Les principaux lieux touristiques
- Villes touristiques (patrimoine historique)
- Principaux parcs de loisirs
- Autres sites touristiques majeurs

Des espaces touristiques accessibles
- Grands axes de transport
- Principaux aéroports

Cave du Clos des Menuts, Bordeaux

....

Vallée de la Dordogne

....

Station de ski de Val Thorens, Alpes

....

DOC. 2
La France, championne du monde du tourisme international

La France n'a jamais accueilli autant de touristes étrangers de son histoire. [...] Jean-Baptiste Lemoyne, le secrétaire d'État auprès du ministre des Affaires étrangères, chargé du dossier tourisme, se félicite. « [...] La France va confirmer sa place de championne du monde du tourisme. Après 87 millions de touristes étrangers accueillis en 2017, nous devrions dépasser le seuil de 90 millions [en 2018]. » C'est en ligne avec l'objectif de 100 millions fixé d'ici à 2022.
Les chiffres du tourisme [...] cachent une France à plusieurs vitesses. [...] L'Île-de-France et PACA[1] ont réalisé un premier semestre record. En Île-de-France, le comité régional du tourisme indiquait un résultat historique avec 17,1 millions de nuitées hôtelières[2] pour les six premiers mois de l'année, en augmentation de 4,1 % sur un an. [...] En PACA, la région provençale a affiché, au premier semestre, « le meilleur niveau de fréquentation touristique jamais enregistré depuis dix ans », avec 10,1 millions de nuitées en hôtellerie. D'autres destinations comme Bordeaux, le Mont-Blanc ou le Val de Loire sont également très dynamiques.
Au niveau général, « la dépense moyenne par visiteur international était en augmentation de 10,7 % l'an dernier [...]. Notre objectif est de passer de 54 milliards à 60 milliards d'euros de recettes au total en 2020.

1. Provence-Alpes-Côte d'Azur. – 2. Nuit passée à l'hôtel.

Philippe Jacqué, « *Tourisme : la France n'a jamais acceuilli autant de visiteurs étrangers* », www.lemonde.fr, 3/10/2018.

DOC. 3
Provenance des touristes internationaux qui visitent la France

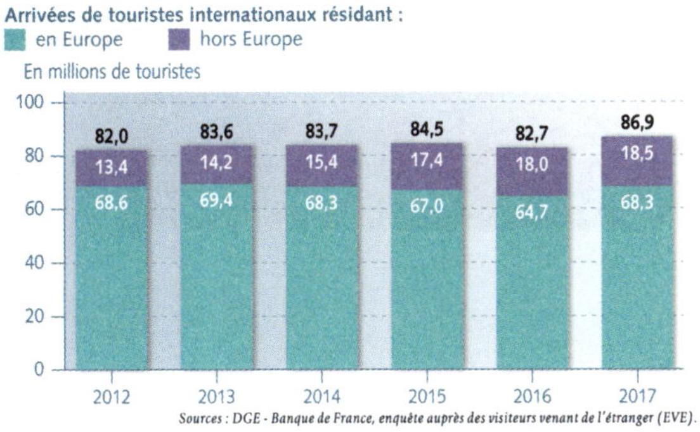

Sources : DGE - Banque de France, enquête auprès des visiteurs venant de l'étranger (EVE).

VOCABULAIRE & NOTIONS

• **Aménagement touristique :** construction humaine visant à mettre en valeur ou à rendre accessible un espace dans un but touristique.

? Comprendre et analyser les documents

1 Quelles sont les deux grandes régions touristiques françaises (DOC. 2) ?

....

....

2 Combien le tourisme international rapporte-t-il à la France (DOC. 2) ?

....

....

3 D'où viennent principalement les touristes qui visitent la France (DOC. 3) ? Selon vous, qu'est-ce qui explique la baisse du chiffre global en 2016 ?

....

....

4 Indiquez sous les images si les atouts touristiques de la France sont naturels, culturels, s'ils proposent des **aménagements touristiques** ou des divertissements (DOC. 1).

CAPACITÉ
Compléter un schéma

5 En utilisant les réponses précédentes et en vous appuyant sur la carte (DOC. 1), complétez le schéma sur les espaces touristiques français.
Proposez une nomenclature (nom des lieux) adaptée : sélectionnez les noms qui vous semblent importants de faire apparaître.

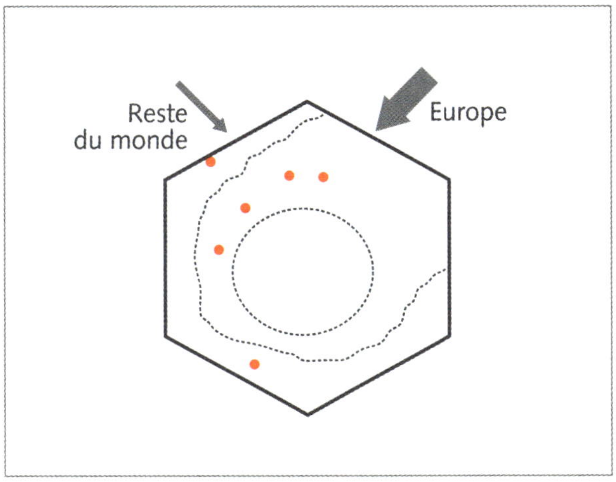

Les espaces touristiques français
- 1ère région touristique nationale et mondiale
- Espaces touristiques majeurs (littoral et montagne)
- Principal espace de tourisme rural "vert"
- Tourisme culturel
- Des sites touristiques remarquables
- Flux touristiques internationaux

J'EXPÉRIMENTE

Écoutez le cours associé.
liennathan.fr/ct81s0

7 L'impact du tourisme sur les îles Galápagos (1)

Les îles Galápagos, en Amérique du Sud, appartiennent à l'Équateur. Dans ce pays du Sud, classé 87e sur 189 pour l'IDH, le tourisme représente 6,5% des emplois. Le secteur touristique est donc d'une grande importance pour l'économie du pays. Depuis quelques années, l'**écotourisme** est en vogue et le nombre de visiteurs aux Îles Galápagos a donc augmenté : + 7 % en 2017.

➔ Quelles sont les conséquences du tourisme sur les Îles Galápagos ?

DOC. 1

Les tortues géantes : un atout touristique

Peu d'endroits au monde fascinent autant que les îles Galápagos. Situées à environ 1 000 km à l'Ouest de l'Équateur, dans l'océan Pacifique, ces îles sont le refuge de nombreuses espèces uniques en leur genre. Les plus connues sont les tortues géantes des Galápagos, l'iguane terrestre et les pinsons des Galápagos. En mer, on trouve des manchots, des iguanes marins, des otaries à fourrure, des lions de mer, des baleines, des requins, des tortues marines et nombre d'espèces de poissons. L'archipel accueille également certaines des plus grandes colonies d'oiseaux de mer au monde.

www.wwf.fr, 2019.

VOCABULAIRE & NOTIONS

• **Écotourisme :** tourisme centré sur la découverte de la nature, dans le respect de l'environnement et des populations locales. Il se pratique en petits groupes au sein de petites structures.

DOC. 2
Un nombre croissant de touristes

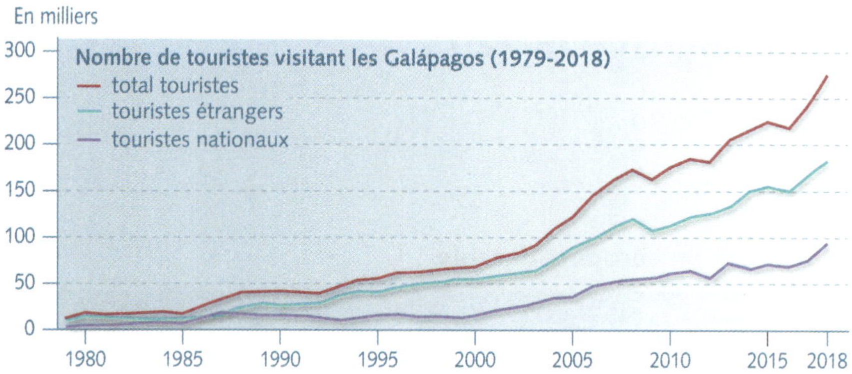

DOC. 3
Les conséquences de l'accroissement de l'activité touristique

De renommée mondiale, les îles Galápagos sont l'une des destinations touristiques les plus populaires de la planète. Le nombre croissant de visiteurs et le développement des activités humaines ont augmenté la demande de marchandises importées. Cette tendance provoque également l'introduction d'espèces envahissantes. L'intensification de la pression humaine sur cet archipel déjà fragile représente une menace croissante pour la conservation et le développement durable de la zone. La production accrue de déchets et leur mauvaise gestion menacent les territoires et les eaux des Galápagos. On ne compte plus les animaux qui meurent, chaque année, emmêlés dans des morceaux de filets ou des sacs en plastique, ou étouffés par ingestion de déchets flottants.

www.wwf.fr, 2019.

L'archipel des Galápagos fait la chasse aux plastiques pour sauver ses tortues et autres animaux. Les autorités de la province équatorienne ont interdit, depuis 2014, tous les sacs plastiques, très dangereux pour la faune locale.

?

CAPACITÉ
Construire une argumentation géographique

ÉTAPE 1
JE PRÉLÈVE DES INFORMATIONS
Complétez le tableau à l'aide des documents.

Atouts touristiques des îles Galápagos	Apport économique du tourisme	Dangers du tourisme
....	....	....
....	....	....
....	....	....
....	....	....
....	....	....

J'EXPÉRIMENTE

Écoutez le cours associé.
liennathan.fr/8rkm59

8 L'impact du tourisme sur les îles Galápagos (2)

DOC. 4

L 'aéroport Seymour sur l'île Baltra (Galápagos), un aéroport durable

Une des caractéristiques des plus remarquables de l'Aéroport Seymour aux Galápagos est qu'il fonctionne à 100 % avec des énergies renouvelables, (solaire et éolienne). [...] Cet aéroport dispose de sa propre usine de dessalement des eaux. Par ailleurs, l'eau des toilettes et des lavabos est récupérée, traitée puis réutilisée. On a aussi recyclé plus de 80 % des matériaux de l'ancien aéroport pour construire les nouvelles infrastructures.

D'après *ABC* (quotidien espagnol), Janvier 2019.

DOC. 5

Des hôtels de luxe pourraient bientôt dénaturer les îles Galápagos

« Les îles Galápagos seront-elles bientôt vendues aux super-riches ? », s'interroge le site d'information équatorien, PlanV. L'archipel, situé à 1 000 km au large de l'Équateur et classé au patrimoine mondial de l'Unesco, est l'objet d'intenses tractations entre les promoteurs immobiliers et les autorités locales pour y construire de nombreux complexes hôteliers de luxe. Le but : développer et surfer sur le tourisme haut de gamme qui existe déjà sur les îles.

www.lefigaro.fr, 2015.

DOC. 6

Le tourisme durable selon l'OMT
(Organisation Mondiale du Tourisme)

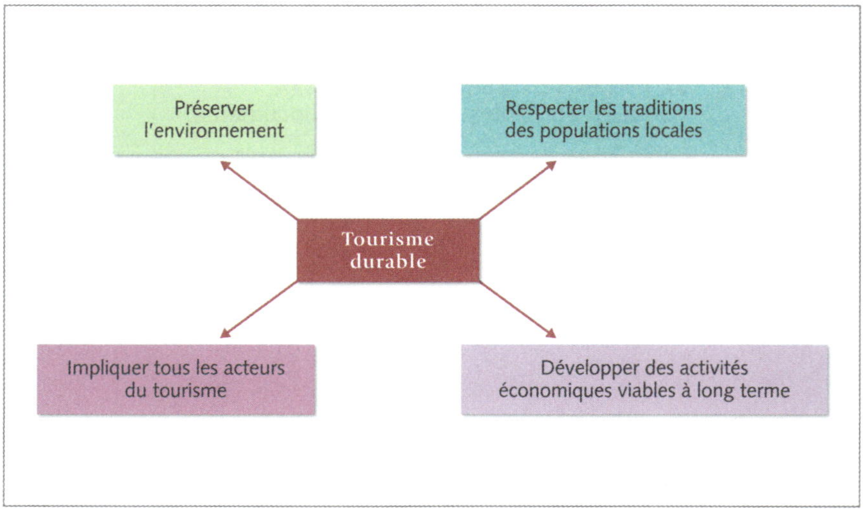

CAPACITÉ

▸ Construire une argumentation géographique

DOC. 7
Le tourisme et les populations locales

Daniel Orellana, chercheur équatorien, parle de l'impact du tourisme aux Galápagos en 2014.

La conséquence est le « tourisme-éclair »[1], qui ne reste sur l'île que trois nuits au maximum. La quantité d'argent qui circule alors sur l'île est moindre. Les agences de voyage proposent cette formule de séjour parce qu'elle est peu chère.

Ils misent sur la quantité et non la qualité, car qu'ils savent que les Galápagos sont une destination qu'on ne visite qu'une fois, et que le touriste ne reviendra pas.

Il est donc inutile de le fidéliser avec une proposition de qualité. [...] Les hôtels sont au nom d'habitants des Galápagos, mais en réalité ce sont des investisseurs étrangers, et une nouvelle fois, la population locale n'en tire aucun bénéfice.

1. C'est-à-dire un touriste qui reste peu de temps sur place.

D'après l'interview de D. Orellana par le journal www.gk.city, Guayaquil (Équateur), 2014.

Apprenez-en plus sur **la vie d'un guide local.**

liennathan.fr/7li3k1

DOC. 8
Des jeunes « volontouristes » aux Galápagos

VOCABULAIRE & NOTIONS

• **Volontourisme :** tourisme qui repose sur le bénévolat et la volonté de ceux qui le pratique afin de découvrir un pays tout en s'engageant pour une cause : par exemple, la protection des tortues aux Galápagos.

?

CAPACITÉ

Construire une argumentation géographique

ÉTAPE 2 JE CONFRONTE UNE DÉFINITION À UNE SITUATION GÉOGRAPHIQUE

1 Quels sont les éléments (DOC. 6) sur lequel repose le tourisme durable ?

....

....

2 À partir de la définition du tourisme durable, complétez le tableau en indiquant dans chaque colonne le numéro des documents qui illustrent chacune des formes de tourisme.

Tourisme durable	Tourisme non durable

ÉTAPE 3 JE CONSTRUIS UNE ARGUMENTATION GÉOGRAPHIQUE

1 Quels sont les impacts du tourisme aux Galápagos ?

Pour répondre à cette question, vous décrirez dans un texte les conséquences du tourisme sur l'économie, sur l'environnement et sur les habitants des Galápagos. Utilisez les informations des documents 1 à 8.

....

....

....

....

....

....

....

....

J'EXPÉRIMENTE

Écoutez le cours associé.
liennathan.fr/8rkm59

8 L'impact du tourisme sur les territoires : l'aménagement de Port Saplaya

À partir des années 60, le littoral méditerranéen espagnol se couvre de stations balnéaires. Dans les années 70, un projet d'aménagement touristique voit le jour à Alboraya dans la banlieue de Valence. En quelques années, un espace rural se transforme en une petite station balnéaire : Port Saplaya.

➔ **Quels choix d'aménagement ont été faits à Port Saplaya ?**

DOC.

L'évolution du paysage de Port Saplaya (Alboraya)

En 1974 (Orientation Nord)

Fin des années 70 (Orientation Sud)

Aujourd'hui (Orientation Sud)

1 Hypermarché 2 *Huerta* (champs) 3 Autoroute 4 Appartements touristiques 5 Marina 6 Plage 7 Jetée

CAPACITÉ

▶ Compléter le croquis d'un aménagement touristique

Comprendre et analyser les documents

1. Quel est l'unique aménagement que l'on peut voir en 1974 ?

....

2. Quelle est l'activité économique de cet espace à cette époque ?

....

3. Que se passe-t-il à la fin des années 70 ?

....

4. Quels aménagements ont été réalisés et sont visibles aujourd'hui ?

....

5. Pour quel type de tourisme Port Saplaya a-t-elle été aménagée ?

....

CAPACITÉ

Compléter le croquis d'un aménagement touristique

1. En vous aidant de la photo actuelle, complétez le schéma de l'aménagement touristique de Port Saplaya ainsi que la légende.

Un environnement naturel favorable

☐ Mer Méditerranée

Des aménagements touristiques

☐ Plage

☐ Appartements touristiques

☐ Marina

Des infrastructures de service

☐ Autoroute

☐ Hypermarché

GÉO-PHOTO-GRAPHE

Représenter les migrations

➔ **Comment les photographies de Jim Goldberg témoignent-elles des rêves des migrants ?**

Jim Goldberg, *Eropa*, 2008, photographie prise à Dakar (Sénégal).

Jim Goldberg
Photographe américain né en 1953, membre de l'agence Magnum, ses photos sont autant des reportages que des œuvres d'art. Son travail mêle souvent texte et image. Goldberg expérimente de nouvelles formes narratives pour repousser les limites du documentaire.

CONTEXTE

➔ Les migrations vers l'Europe sont aujourd'hui au cœur de tous les débats. **Jim Goldberg**, s'intéresse aux migrants pour leur rendre la parole. En 2007, son projet *The New European* a pour sujet les flux migratoires vers l'Europe. Il photographie des migrants qu'il rencontre et leur demande de témoigner en écrivant ou en dessinant leur histoire et leurs rêves sur ses photos.

CAPACITÉ

▶ Questionner une œuvre d'art pour construire une analyse géographique

Méthode

ÉTAPE 1 PRÉSENTER L'ŒUVRE D'ART

1 Quelle est la nature de cette œuvre ?

....

2 Quel artiste l'a créée ?

....

3 En quelle année cette œuvre a-t-elle été réalisée ?

....

ÉTAPE 2 OBSERVER ET INTERPRÉTER

PHOTO 1

4 D'où est originaire le personnage principal ? Vers où rêve-t-il d'aller ?

....

5 Par quel moyen envisage-t-il d'effectuer ce voyage ?

....

PHOTO 2

6 Où est prise cette photo ?

....

7 Quel est le rêve de ce réfugié ?

....

ÉTAPE 3 CONFRONTER

8 Comment l'artiste fait-il poser les personnages pour nous montrer leurs rêves ?

....

9 Observez la source de ces photos. Quel élément nous montre que la question migratoire n'est pas nouvelle en Europe ?

....

....

....

....

....

....

Jim Goldberg, *Réfugié clandestin en Grèce*, 2004,
Traduction du texte :
« Une vie meilleure, voilà mon rêve. »

MÉTHODE

Analyser un graphique

LES PRINCIPAUX GRAPHIQUES

→ GRAPHIQUE EN BARRES

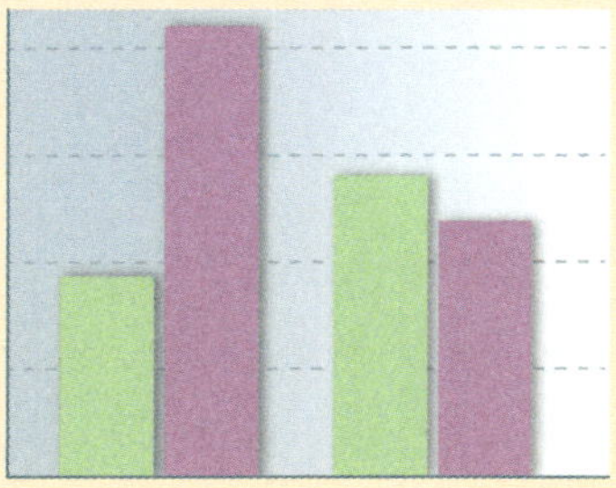

→ GRAPHIQUE CIRCULAIRE OU « CAMEMBERT »

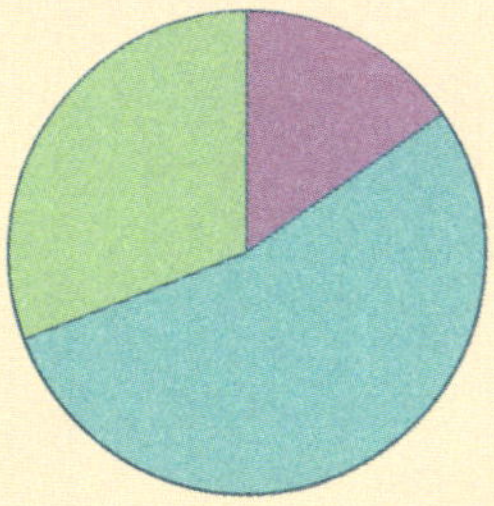

→ GRAPHIQUE EN COURBES

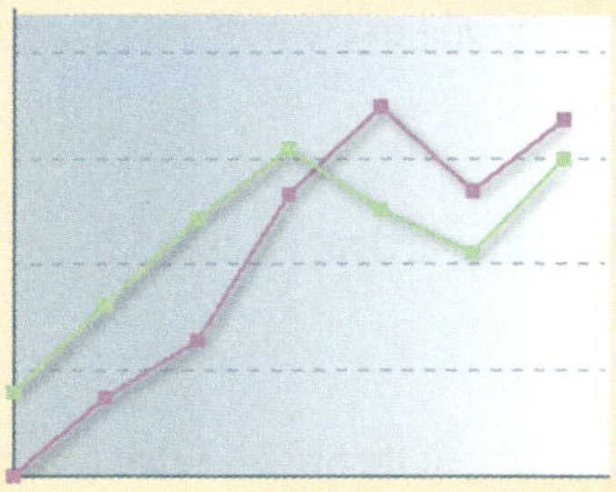

DOC

D'où viennent les réfugiés et où vont-ils ?

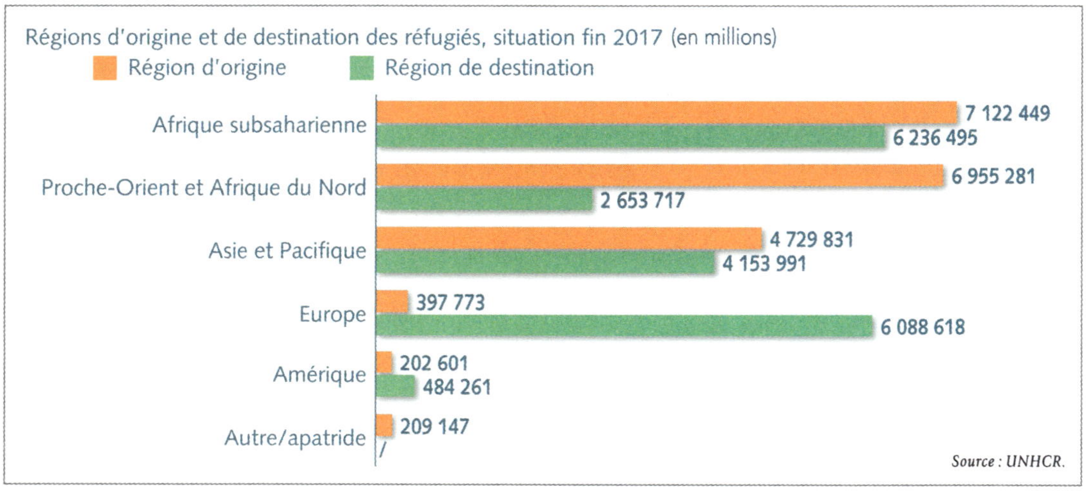

ÉTAPE 1

• Présenter les documents

Identifiez le type de graphique, sa source, son thème, sa date, son unité de mesure.

Réponse. Ce document est un graphique en barres réalisé par le UNHCR qui est le Haut-Commissariat aux Réfugiés des Nations Unies. Ce graphique montre la provenance des réfugiés et leur destination dans le monde en 2017. Les chiffres correspondent au nombre d'individus.

ÉTAPE 2

• Prélever des informations en répondant à des questions

a. Quelles sont les trois principales zones de départ des réfugiés ?

Réponse. Les trois principales zones de départ des réfugiés sont l'Afrique subsaharienne, le Proche-Orient/l'Afrique du Nord et l'Asie-Pacifique.

b. Quelles sont les trois principales zones d'arrivées des réfugiés ?

Réponse. Les trois principales zones d'arrivée des réfugiés sont l'Afrique subsaharienne, l'Europe et l'Asie-Pacifique.

ÉTAPE 3

• Interpréter les informations recueillies grâce à des connaissances

En vous appuyant sur vos connaissances, expliquez les raisons des flux de réfugiés depuis leur région de départ vers leurs zones d'arrivée.

Réponse. On constate que les zones de départ sont des régions du monde qui vivent des conflits et des catastrophes naturelles. Deux des zones d'accueil principales se trouvent dans les mêmes régions. On sait en effet que les réfugiés vont en priorité vers des pays voisins. Ce sont donc avant tout des flux Sud-Sud. Mais l'Europe est aussi la 2e aire d'accueil car elle a une tradition d'accueil. C'est aussi une zone de paix et de prospérité.

Appliquer la méthode

• Analysez ce graphique sur les dix plus importants groupes hôteliers dans le monde.

DOC

Les 10 premiers groupes hôteliers au monde et leur nombre d'hôtels

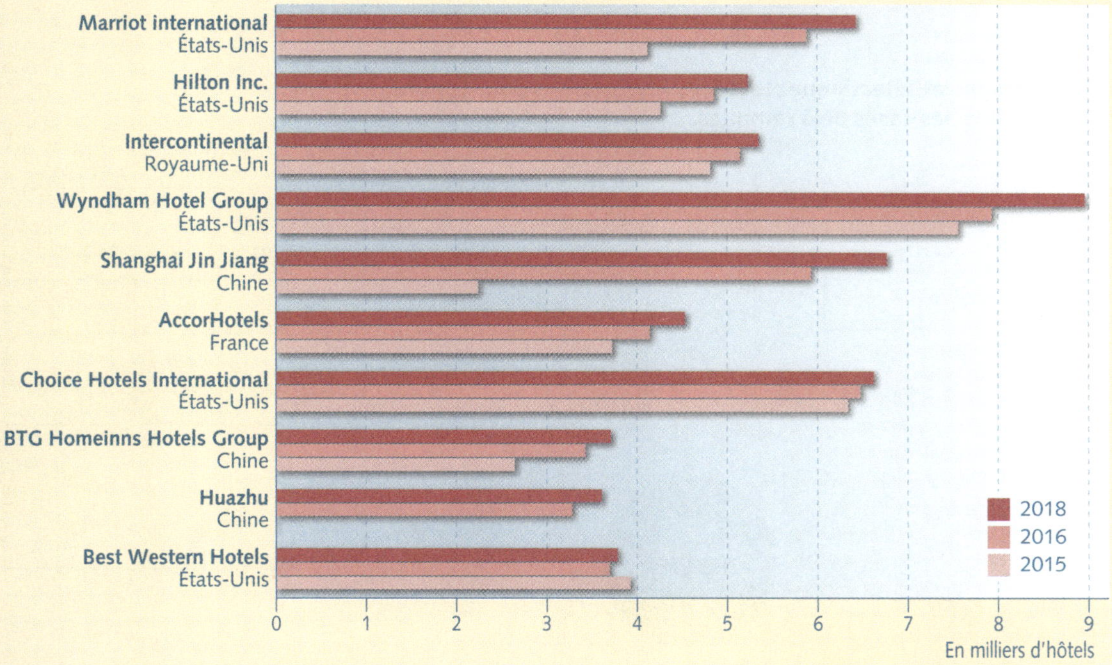

ÉTAPE 1

• Présenter le document

....

....

....

ÉTAPE 2

• Prélever des informations en répondant à des questions

a. Quels sont les deux premiers groupes hôteliers du monde en 2016 ?

....

....

b. Quel est le premier groupe hôtelier français ?

....

c. Quelles sont les grandes régions d'origine des dix premiers groupes hôteliers mondiaux ?

....

....

....

ÉTAPE 3

• Interpréter les informations recueillies grâce à des connaissances

a. Mettez en relation la nationalité de ces grands groupes hôteliers avec les grandes zones émettrices et réceptrices de touristes dans le monde (carte, p. 129).

....

....

....

....

....

....

....

....

b. Que constatez-vous ?

....

....

....

....

....

JE RETIENS AUTREMENT

Les grandes idées du Thème 2

Une **carte mentale** permet d'organiser sa pensée et ses connaissances. Elle s'organise autour d'une **idée générale** et se divise en **idées secondaires** de plus en plus précises et en **exemples**. Les **couleurs** permettent de classer les informations sur le même thème pour mieux les retenir.

Relisez le cours 1 de ce thème et sélectionnez les idées importantes pour compléter la carte mentale. Aidez-vous des cases déjà remplies.

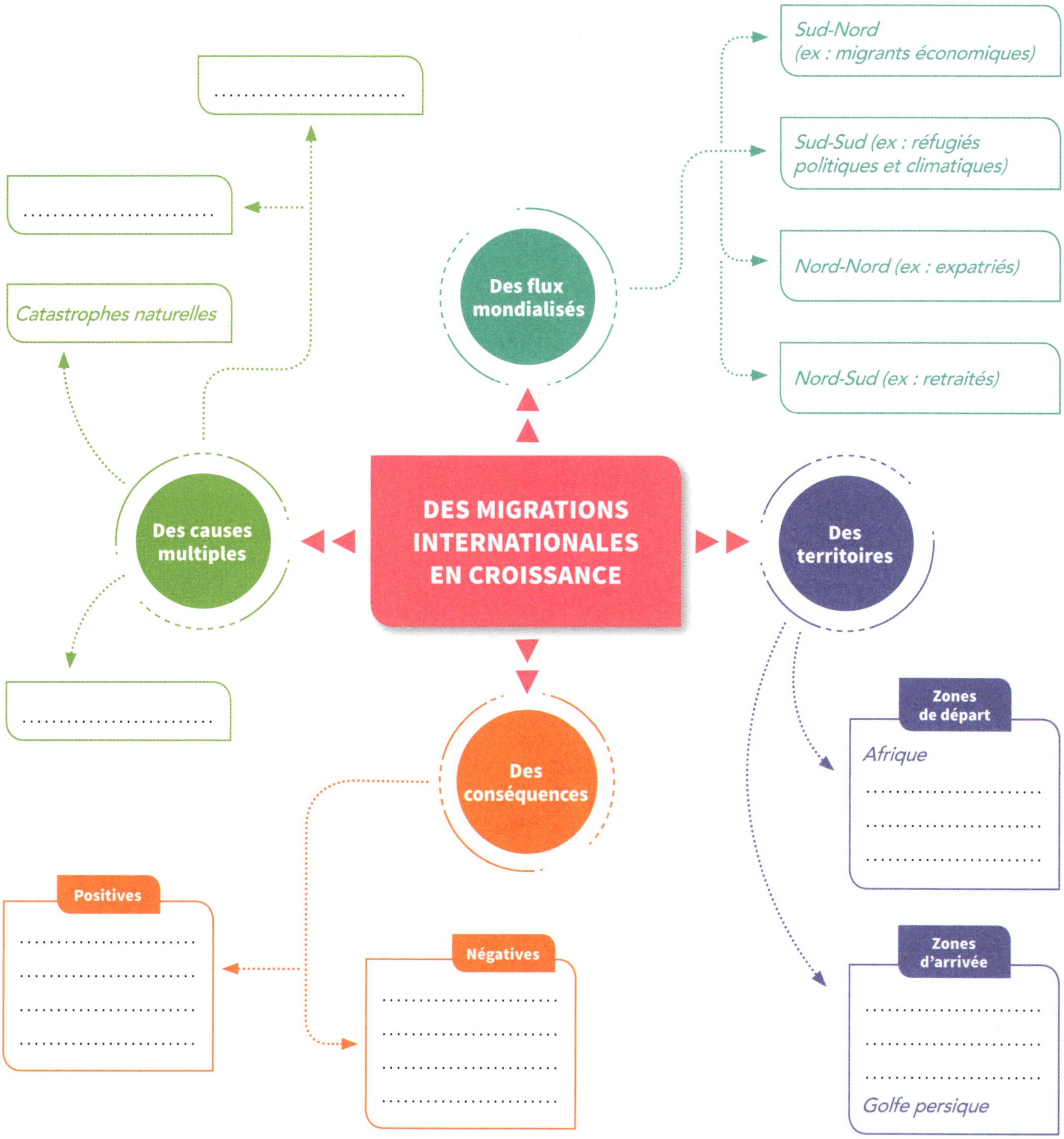

JE RETIENS AUTREMENT

Les grandes idées du Thème 2

Une **carte mentale** permet d'organiser sa pensée et ses connaissances. Elle s'organise autour d'une **idée générale** et se divise en **idées secondaires** de plus en plus précises et en **exemples**. Les **couleurs** permettent de classer les informations sur le même thème pour mieux les retenir.

Relisez le cours 2 de ce thème et sélectionnez les idées importantes pour compléter la carte mentale. Aidez-vous des cases déjà remplies.

THÈME 1

LA LIBERTÉ, NOS LIBERTÉS, MA LIBERTÉ

MÉMORISEZ

Écouter votre cours plusieurs fois vous permettra de mieux le retenir.

L'audio du cours.
liennathan.fr/57xr6b

Un héritage historique

Sous l'influence de la Révolution anglaise au XVIIe siècle et de celle des philosophes des Lumières au XVIIIe siècle, l'idée qu'il existe des libertés fondamentales pour chaque individu se répand. Cette idée se concrétise pendant la Révolution américaine et la Révolution française, (▶ thème 2 Histoire). Des textes de **lois**, comme la *Déclaration des droits de l'homme et du citoyen* en 1789, définissent et garantissent les libertés fondamentales. Ce sont des libertés que l'on ne peut pas supprimer.

Chaque citoyen dispose alors de **droits fondamentaux** (liberté d'expression, liberté de circulation…) et de devoirs (respecter la loi, payer ses impôts…). Au XIXe siècle, les citoyens français se battent pour obtenir de nouveaux droits sociaux, comme la liberté de manifester ou le droit de faire grève. En 1881, la liberté de la presse est reconnue en France.

Partout dans le monde, des hommes et des femmes continuent de se battre pour la liberté. La République française apporte son soutien à ceux qui sont en danger dans leur pays, en leur offrant l'**asile**, c'est-à-dire la possibilité de vivre dans notre pays (article 4 du Préambule de la Constitution de 1946).

→ J'EXPÉRIMENTE 1 - P. 147

Libertés individuelles, libertés collectives

Chaque citoyen dispose de **libertés individuelles** et de **libertés collectives**.

Les libertés individuelles sont celles que chacun exerce pour lui-même : liberté d'expression, liberté de circulation, etc. Les libertés collectives, elles ne peuvent s'exercer qu'à plusieurs : droit de grève, liberté de la presse, etc. La **démocratie** française repose sur ces libertés que l'on appelle les **droits fondamentaux**.

Ceux-ci sont définis par des lois (loi sur la liberté de la presse, loi sur la laïcité, etc.). Ces droits sont garantis et protégés par la justice qui est au-dessus du pouvoir politique. La France est donc un **État de droit**.

Il arrive que les libertés individuelles et collectives entrent en conflit, par exemple, que liberté de la presse ne respecte pas le droit à la vie privée, ou encore que le droit de grève empêche la liberté de circulation. Dans ce cas, la justice décide quel droit a la priorité afin de garantir l'**intérêt général**. Seules les lois peuvent limiter des libertés fondamentales. Par exemple, le code de la route encadre la liberté de circulation dans l'intérêt de chaque individu et pour la sécurité de tous.

→ J'EXPÉRIMENTE 2 - P. 148

De nouveaux enjeux

Les évolutions de la société tout comme les révolutions technologiques viennent interroger régulièrement nos libertés fondamentales. Les technologies de l'information et de la communication ont modifié les enjeux autour des libertés. Par exemple, la question de l'anonymat sur les réseaux sociaux pose le problème des limites de la liberté d'expression. Le piratage des œuvres artistiques remet en cause le respect du droits d'auteur et de la propriété intellectuelle. Les *fake news*, les influenceurs, les trolls fragilisent le respect de notre liberté individuelle et de notre capacité à décider, c'est-à-dire de notre **libre arbitre**. Enfin, les données personnelles que nous laissons sur Internet, volontairement ou non, posent le problème du respect de la vie privée. Depuis le 20 juin 2018, la loi encadre l'usage de ces données.

→ J'EXPÉRIMENTE 3 - P. 149

VOCABULAIRE & NOTIONS

- **Droits fondamentaux :** droits les plus importants d'un individu définis dans la Déclaration des droits de l'Homme et du Citoyen (1789) et dans la Déclaration universelle des droits de l'Homme (1948).
- **Démocratie :** système politique fondé sur la souveraineté populaire qui s'exerce par l'intermédiaire de représentants élus.
- **État de droit :** État dans lequel la loi est au-dessus de tout, y compris du pouvoir politique.
- **Intérêt général :** tout ce qui est favorable à l'ensemble des individus qui compose un État.
- **Libre arbitre :** capacité que chaque individu a de décider par lui-même en dehors de toute pression.

J'EXPÉRIMENTE

Écoutez le cours associé.
liennathan.fr/79ohl0

1 Un héritage historique

DOC. 1

Déclaration des droits de l'homme et du citoyen

(adoptée par l'Assemblée nationale, le 26 août 1789)

Préambule
Les représentants du peuple français, constitués en Assemblée nationale, considérant que l'ignorance, l'oubli ou le mépris des droits de l'homme sont les seules causes des malheurs publics et de la corruption des gouvernements, ont résolu d'exposer, dans une déclaration solennelle, les droits naturels, inaliénables[1] et sacrés de l'homme [...].
Art. 1 - Les hommes naissent et demeurent libres et égaux en droit. [...]
Art. 2 - Le but de toute association politique est la conservation des droits naturels et imprescriptibles[2] de l'homme. Ces droits sont la liberté, la propriété, la sûreté et la résistance à l'oppression[3].
Art. 4 - La liberté consiste à pouvoir faire tout ce qui ne nuit pas à autrui : ainsi, l'exercice des droits naturels de chaque homme n'a de bornes que celles qui assurent aux autres membres de la société la jouissance de ces mêmes droits. [...]
Art. 6 - La loi est l'expression de la volonté générale. [...] Elle doit être la même pour tous, soit qu'elle protège, soit qu'elle punisse. [...]
Art. 9 - Tout homme étant présumé innocent jusqu'à ce qu'il ait été déclaré coupable, s'il est jugé indispensable de l'arrêter, toute rigueur qui ne serait pas nécessaire pour s'assurer de sa personne, doit être sévèrement réprimée par la loi.
Art. 10 - Nul ne doit être inquiété pour ses opinions, même religieuses, pourvu que leur manifestation ne trouble pas l'ordre public, établi par la loi.
Art. 11 - La libre communication des pensées et des opinions est un des droits les plus précieux de l'homme ; tout citoyen peut donc parler, écrire, imprimer librement, sauf à répondre de l'abus de cette liberté dans les cas déterminés par la loi.

1. qui ne peuvent être supprimés. - 2. qui ne pourront pas être oubliées.
3. action de faire violence en abusant de son autorité.

?

1 De quand date la Déclaration des droits de l'homme et du citoyen ?

....

2 Comment y est définie la liberté ?

....

3 Quelles sont les libertés citées dans ce texte ?

....

....

DOC. 2

Rousseau, philosophe des Lumières, définit la Liberté

La liberté consiste moins à faire sa volonté qu'à n'être pas soumis à celle d'autrui ; elle consiste encore à ne pas soumettre la volonté d'autrui à la nôtre. Quiconque est maître ne peut être libre, et régner, c'est obéir [...].
Il n'y a donc point de liberté sans Lois, ni où quelqu'un est au-dessus des Lois : dans l'état même de nature, l'homme n'est libre qu'à la faveur de la loi naturelle qui commande à tous. Un peuple libre obéit, mais il ne sert pas ; il a des chefs et non pas des maîtres ; il obéit aux Lois, mais il n'obéit qu'aux Lois.

Jean-Jacques Rousseau, *Lettres écrites sur la montagne*, huitième Lettre (1764).

?

4 Quelle définition de la liberté Rousseau donne-t-il dans le texte 2 ?

....

....

5 Qu'est-ce qui est nécessaire pour que la liberté existe ?

....

....

....

J'EXPÉRIMENTE

Écoutez le cours associé.
liennathan.fr/065biw

2 Libertés individuelles, libertés collectives

DOC. 1
L'exercice des libertés collectives par les lycéens

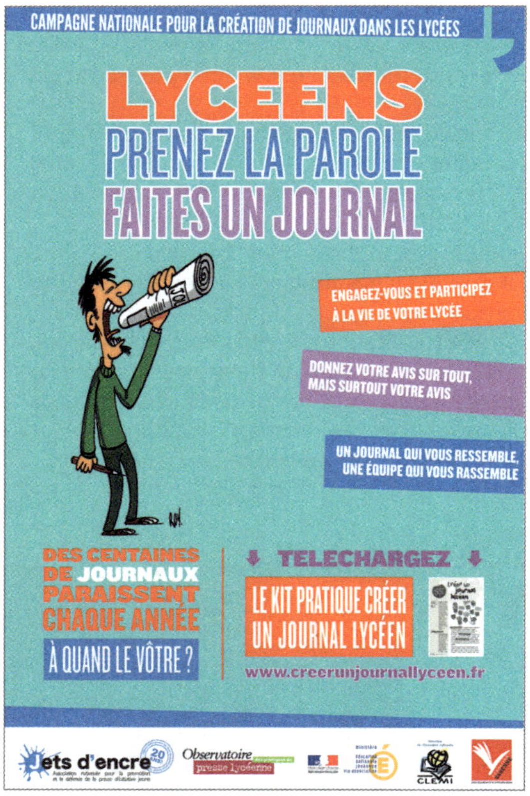

?

1. Quelles libertés peuvent exercer les lycéens d'après le document 1 ?

....

....

2. Quelles sont les limites à l'exercice de ces libertés (DOC.1) ?

....

....

DOC. 2
Convention Internationale des droits de l'enfant, 1989
(version simplifiée de l'UNICEF)

Art. 12 - L'enfant a le droit, dans toute question ou procédure le concernant, d'exprimer librement son opinion et devoir cette opinion prise en considération.
Art. 13 - L'enfant a le droit d'exprimer ses vues, d'obtenir des informations et de faire connaître des idées et des informations, sans considération de frontières.
Art. 14 - L'État respecte le droit de l'enfant à la liberté de pensée, de conscience et de religion, dans le respect du rôle de guide joué par les parents.
Art. 15 - Les enfants ont le droit de se réunir et d'adhérer à des associations ou d'en former.
Art. 16 - L'enfant a le droit d'être protégé contre toute immixtion[1] dans sa vie privée, sa famille, son domicile et sa correspondance, et contre les atteintes illégales à son honneur.

1. Immixtion : fait de se mêler de la vie privée de quelqu'un.

?

3. Quelles sont les libertés individuelles dont disposent les mineurs (DOCS 1 et 2) ?

....

....

4. Quelles sont les libertés collectives dont disposent les mineurs (DOCS 1 et 2) ?

....

....

5. Quelles libertés s'opposent ici (DOC.3) ?

....

....

6. Quelle liberté prévaut traditionnellement dans cette situation (DOC.3) ?

....

....

DOC. 3
Des « gilets jaunes » manifestent et bloquent la circulation sur les ronds-points (novembre 2018)

J'EXPÉRIMENTE

Écoutez le cours associé.
liennathan.fr/v206bj

3 De nouveaux enjeux

DOC. 1

Campagne 2018-2019 de lutte contre le harcèlement (Ministère de l'Éducation nationale)

?

1 Qu'est-ce que le harcèlement ?
Qu'est-ce que le cyber-harcèlement ?

....

....

2 Quelle liberté individuelle est mise en cause ?

....

3 Selon vous, quels éléments facilitent le harcèlement sur les réseaux sociaux ?

....

4 Quelle peine est encourue en cas de harcèlement ?

....

DOC. 2

Loi du 22 décembre 2018

Art. 11 - Les opérateurs de plateforme en ligne mettent en œuvre des mesures en vue de lutter contre la diffusion de fausses informations susceptibles de troubler l'ordre public ou d'altérer la sincérité des élections. Ils mettent en place un dispositif facilement accessible et visible permettant à leurs utilisateurs de signaler de telles informations.

?

5 Quel est le but de cette loi ?

....

....

6 En quoi protège-t-elle nos libertés ?

....

....

....

DOC. 3

Arrêté municipal de la commune de Bressolles (Auvergne-Rhône-Alpes) (extrait)

Arrêté 41/2016

Le Maire de la Commune de Bressolles [...] considérant le danger que constitue la recherche des personnages « Pokemon » par l'inattention des piétons et conducteurs de véhicules visionnant leur téléphone, décide que :

Art. 1 - l'implantation virtuelle de personnages Pokemon est interdite sur l'ensemble de la commune de Bressolles.

?

7 Quelle décision prend ce maire ?

....

....

8 Pourquoi cette décision est une restriction aux libertés ?

....

....

9 Qu'est-ce qui justifie cette restriction ?

....

....

THÈME 2

LA LAÏCITÉ

MÉMORISEZ

Écouter votre cours plusieurs fois vous permettra de mieux le retenir.

L'audio du cours.
liennathan.fr/7oh50r

Un principe républicain

La **laïcité** est un principe républicain qui est affirmé dans le premier article de la Constitution de 1958. L'idée de laïcité trouve son origine dans l'article 10 de la Déclaration des droits de l'Homme et du Citoyen de 1789, qui définit la **liberté de conscience** comme une **liberté fondamentale**. Mais il faut attendre la **loi de séparation des Églises et de l'État de 1905** pour que la France devienne une République laïque. Aujourd'hui, en France, chacun est libre de pratiquer ou non une religion. L'État doit rester neutre, c'est-à-dire qu'il n'a pas le droit d'aider financièrement ni de promouvoir un culte. Cependant, l'État doit garantir à chaque individu la liberté d'exercer sa religion.

→ J'EXPÉRIMENTE 1 - P. 151

L'école de la République est laïque

Depuis 1882, l'école de la République est **laïque**. Elle garantit un enseignement à chaque enfant qui lui permet de devenir un **adulte libre et responsable** de ses choix. L'école a un devoir de neutralité en matière religieuse, politique et philosophique. La laïcité vise à protéger les élèves de toute pression religieuse et à **garantir leur liberté d'expression**. Cette obligation dans le domaine religieux a été rappelée à plusieurs reprises. Ainsi, la loi du 15 mars 2004 a précisé que les signes religieux **ostensibles** étaient interdits dans les écoles. En 2014, la Charte de la laïcité a été diffusée dans tous les établissements pour rappeler l'ensemble des règles en vigueur.

Depuis 2015, le 9 décembre est la journée nationale de la laïcité à l'école.

La laïcité est une **valeur essentielle** de l'école de la République. Elle permet à l'ensemble de la communauté scolaire de vivre ensemble et de laisser les conflits religieux à l'extérieur de l'école.

→ J'EXPÉRIMENTE 2 - P. 152

La laïcité dans le monde du travail

Dans le cadre professionnel, les agents de l'État, que l'on appelle les fonctionnaires, doivent respecter ce principe de laïcité. Ils ne peuvent donc pas afficher leurs préférences religieuses au travail.

Dans les entreprises privées, il n'y a pas d'obligation de neutralité.

Mais le règlement intérieur de l'entreprise, qui détermine les lois et normes à respecter par les employés, peut préciser ce que chacun a le droit de faire en termes de religion. Ce règlement intérieur est également lié au type de travail et de contraintes de l'entreprise. Par exemple, le port de signes religieux peut être interdit pour des raisons de sécurité ou encore lorsque que les employés sont en contact avec du public.

→ J'EXPÉRIMENTE 3 - P. 153

VOCABULAIRE & NOTIONS

- **Laïcité :** principe qui garantit la liberté des cultes et la neutralité de l'État en matière religieuse.
- **Liberté de conscience :** liberté dont dispose chaque individu de choisir ses idées philosophiques ou religieuses.
- **Ostensible :** quelque chose que l'on désire montrer.
- **Valeur :** idée pour laquelle un individu ou un État est prêt à s'engager pour la défendre.

J'EXPÉRIMENTE

Écoutez le cours associé.
liennathan.fr/5qit86

1 Un principe républicain

DOC. 1

La loi de séparation des Églises et de l'État, 1905 (extraits)

Art. 1 - La République assure la liberté de conscience. Elle garantit le libre exercice des cultes. [...]
Art. 2 - La République ne reconnaît, ne salarie, ni ne subventionne aucun culte. [...]
Art. 28 - Il est interdit, à l'avenir, d'élever ou d'apposer aucun signe ou emblème religieux sur les monuments publics ou en quelque emplacement public que ce soit, à l'exception des édifices servant au culte, des terrains de sépulture dans les cimetières, des monuments funéraires, ainsi que des musées ou expositions. [...]

?

1. Comment cette loi montre que l'État et les religions sont séparés ?

....

....

2. Pourquoi est-il interdit d'afficher des signes religieux sur les bâtiments publics ?

....

....

DOC. 2

La construction du temple bouddhiste d'Évry

Prières devant l'imposante statue de Bouddha et plats végétariens : pour récolter les fonds nécessaires à la construction, débutée en 1995, de la pagode Khanh-Anh d'Évry, des centaines de fidèles ont organisé dimanche comme chaque année un déjeuner géant précédé de prières. [...] « Elle est construite au fur et à mesure des dons, c'est pour ça que c'est si long », explique Kim Ngon Ong, du comité Lotus qui pilote l'édification de ce lieu de culte.
« 11 ou 12 millions (d'euros) ont déjà été récoltés. En 1995, nous avions prévu un coût de 6 à 10 millions de francs (un à 1,5 million d'euros), souligne-t-il, relevant qu'au fil du temps « les normes (de construction) changent ». [...] Depuis 2002, la salle de prière principale, de 550 m², abrite une statue de Bouddha en bronze, parée d'or.
Mesurant plus de 4 mètres de haut avec son socle et pesant 5 tonnes, ce Bouddha Sakyamuni fabriqué en Thaïlande a été béni le 12 août 2008 par le dalaï lama en personne, qui avait fait un crochet par Évry lors d'une visite en France.
Un mémorial aux boat-people vietnamiens des années 1970 se dresse aussi côté d'une stupa[1]. [...] Une bibliothèque et un musée y sont également prévus. Lors du déjeuner en 2010, « nous avions récolté entre 15 000 et 20 000 euros. Cette année, nous espérons la même chose. Peut-être même un peu plus », sourit le Grand Vénérable Thich Minh Tam, président de la congrégation bouddhique vietnamienne en Europe et président de l'association bouddhiste Khanh-Anh, qui regroupe les pagodes de Bagneux (Hauts-de-Seine) et Évry.

1. Stupa : type de monument religieux bouddhiste.

« Un repas autour de Bouddha pour financer la construction de la pagode d'Évry », *L'Express*, Octobre 2011.

DOC. 3

Une laïcité toujours en débat (Caricature de Kak, 2015)

1 François Hollande, président de la République de 2012 à 2017
2 Les représentants des trois grandes religions monothéistes

?

3. Pourquoi la construction du Temple bouddhiste d'Évry respecte les principes de la laïcité (DOC.2) ?

....

....

4. Décrivez la caricature (DOC.3).

....

....

5. Que peuvent souhaiter les représentants des religions (DOC.3) ?

....

....

J'EXPÉRIMENTE

Écoutez le cours associé.
liennathan.fr/4ca58b

2 L'école de la République est laïque

DOC. 1

Charte de la laïcité (extraits)

3 | La laïcité garantit **la liberté de conscience** à tous. **Chacun est libre de croire ou de ne pas croire.** Elle permet la libre expression de ses convictions, dans le respect de celles d'autrui et dans les limites de l'ordre public.

6 | La laïcité de l'École offre aux élèves les conditions pour forger leur personnalité, exercer leur libre arbitre et faire l'apprentissage de la citoyenneté. **Elle les protège de tout prosélytisme et de toute pression** qui les empêcheraient de faire leurs propres choix.

11 | **Les personnels ont un devoir de stricte neutralité** : ils ne doivent pas manifester leurs convictions politiques ou religieuses dans l'exercice de leurs fonctions.

13 | Nul ne peut se prévaloir de son appartenance religieuse pour refuser de se conformer aux règles applicables dans l'École de la République.

7 | La laïcité assure aux élèves l'accès à **une culture commune et partagée**.

4 | La laïcité permet l'exercice de la citoyenneté, en conciliant **la liberté de chacun** avec **l'égalité et la fraternité de tous** dans le souci de l'intérêt général.

8 | La laïcité permet l'exercice de **la liberté d'expression** des élèves dans la limite du bon fonctionnement de l'École comme du respect des valeurs républicaines et du pluralisme des convictions.

9 | La laïcité implique **le rejet de toutes les violences et de toutes les discriminations**, garantit **l'égalité entre les filles et les garçons** et repose sur une culture du **respect** et de la compréhension de l'autre.

?

1 À partir des extraits de la Charte de la laïcité, complétez le tableau suivant :

Devoirs	Droits

J'EXPÉRIMENTE

Écoutez le cours associé.
liennathan.fr/96pq0s

3 La laïcité dans le monde du travail

DOC. 1

Le Code du travail

Art. 1321-2 - Le règlement intérieur peut contenir des dispositions inscrivant le principe de neutralité et restreignant la manifestation des convictions des salariés si ces restrictions sont justifiées par l'exercice d'autres libertés et droits fondamentaux ou par les nécessités du bon fonctionnement de l'entreprise et si elles sont proportionnées au but recherché.
Article 1321-3 - Le règlement intérieur ne peut contenir :
[...] Des dispositions discriminant les salariés dans leur emploi ou leur travail, à capacité professionnelle égale, en raison de leur origine, de leur sexe, de leurs mœurs, de leur orientation sexuelle ou identité de genre, de leur âge, de leur situation de famille ou de leur grossesse, de leurs caractéristiques génétiques, de leur appartenance ou de leur non-appartenance, vraie ou supposée, à une ethnie, une nation ou une race, de leurs opinions politiques, de leurs activités syndicales ou mutualistes, de leurs convictions religieuses, de leur apparence physique, de leur nom de famille ou en raison de leur état de santé ou de leur handicap.

?

1 Quel document de l'entreprise définit les règles en vigueur concernant la religion ?

....

....

....

....

....

....

DOC. 2

La laïcité au sein de l'entreprise

Guide pratique du fait religieux dans les entreprises privées, ministère du Travail, 2016.

1. Est-ce que je peux refuser d'obéir aux ordres de ma chef pour des raisons religieuses ?	**Non**, c'est interdit par la loi.
2. Est-ce que je peux être sanctionné(e) si je refuse d'accomplir certaines tâches pour des raisons religieuses ?	**Non**, rien ne vous y oblige. Si vous le dites, votre employeur n'est pas non plus obligé(e) de vous l'accorder.
3. Est-ce que je peux refuser la visite médicale obligatoire pour des raisons religieuses ?	**Non**, il/elle ne peut pas vous l'interdire sauf si ces discussions provoquent un trouble dans l'entreprise.
4. Est-ce que je peux installer des objets religieux dans mon espace de travail ?	**Non**, c'est une faute, que ce soit pour des raisons religieuses ou non.
5. Si je demande la mise à disposition d'un lieu pour prier, mon employeur peut-il refuser ?	**Oui**, si vous avez été embauché(e) pour faire ces tâches.
6. Est-ce que je suis obligé(e) de dire à mon employeur le motif religieux de ma demande de congés ?	**Non**, c'est une obligation pour tous les salariés.
7. Pendant un entretien d'embauche, a-t-on le droit de me demander ma religion ou ma pratique religieuse ?	**Oui**, il/elle n'est pas obligé(e) d'accepter. Cependant, rien ne le lui interdit.
8. Mon employeur peut-il m'interdire de discuter de religion dans l'entreprise ?	**Oui**, vous avez le droit sauf si cela peut causer un trouble dans l'entreprise (contact avec la clientèle, bureau partagé avec des collègues).

?

2 Quels sont les droits et les devoirs en matière religieuse au sein d'une entreprise ? Répondez en reliant les questions aux bonnes réponses.

3 Est-ce que ces règles s'appliquent dans les services publics ? Pourquoi ?

....

....

Titre :

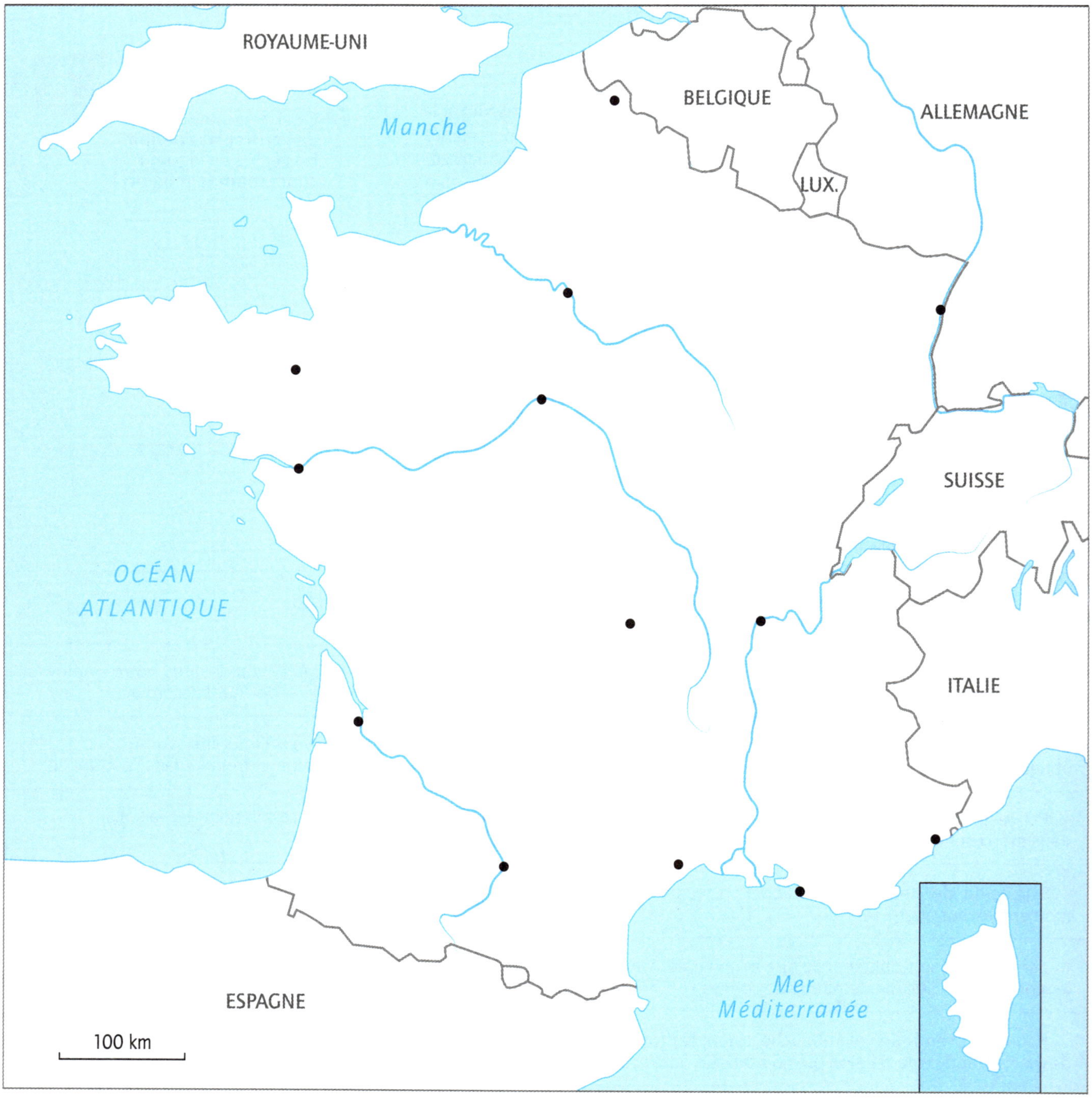

Légende

0 1 000 km
Échelle à l'équateur

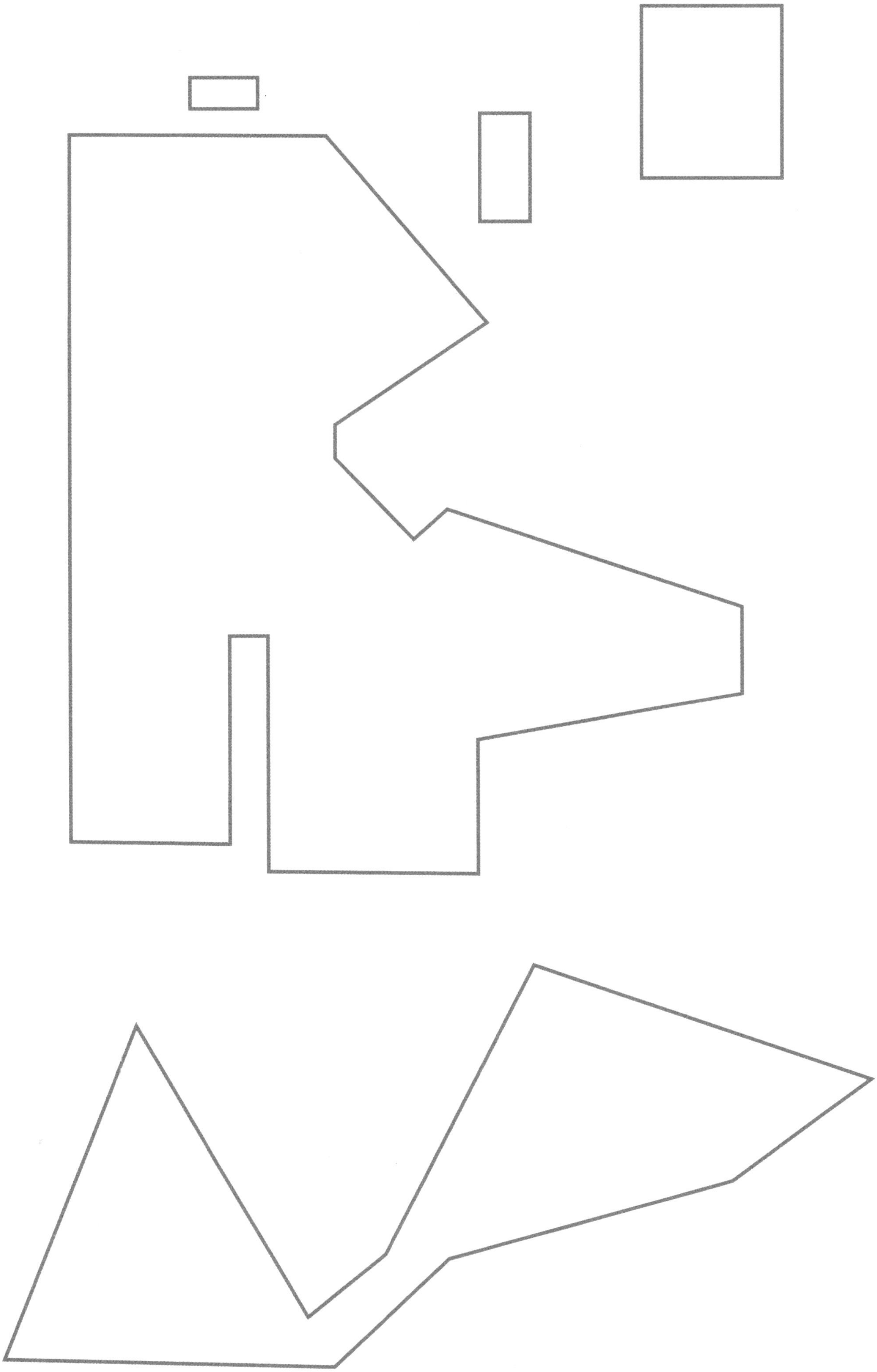

Alaska
(ÉTATS-UNIS)
Groenland
(DANEMARK)
CANADA
ISLANDE
ÉTATS-UNIS
Océan
Atlantique
MAROC
TUN
ALGÉRIE
MEXIQUE
BELIZE
BAHAMAS
CUBA
RÉPUBLIQUE DOMINICAINE
SAINT-KITTS-ET-NEVIS
ANTIGUA-ET-BARBUDA
HAÏTI
Guadeloupe (Fr.)
JAMAÏQUE
DOMINIQUE
Martinique (Fr.)
BARBADE
GUATEMALA
SALVADOR
HONDURAS
NICARAGUA
COSTA RICA
PANAMÁ
STE-LUCIE
GRENADE
SAINT-VINCENT-
ET-LES-GRENADINES
TRINITÉ ET TOBAGO
VENEZUELA
GUYANA
Guyane française
COLOMBIE
SURINAME
ÉQUATEUR
MAURITANIE
MALI
SÉNÉGAL
CAP-VERT
GAMBIE
GUINÉE-BISSAU
GUINÉE
BURKINA
FASO
SIERRA LEONE
GHANA
NIGER
LIBERIA
CÔTE D'IVOIRE
TOGO
BÉNIN
GUINÉE-ÉQUATORIALE
SÃO TOMÉ-ET PRÍNCIPE
BRÉSIL
Océan Pacifique
PÉROU
BOLIVIE
PARAGUAY
CHILI
URUGUAY
ARGENTINE
N
0
2 000 km
à l'équateur

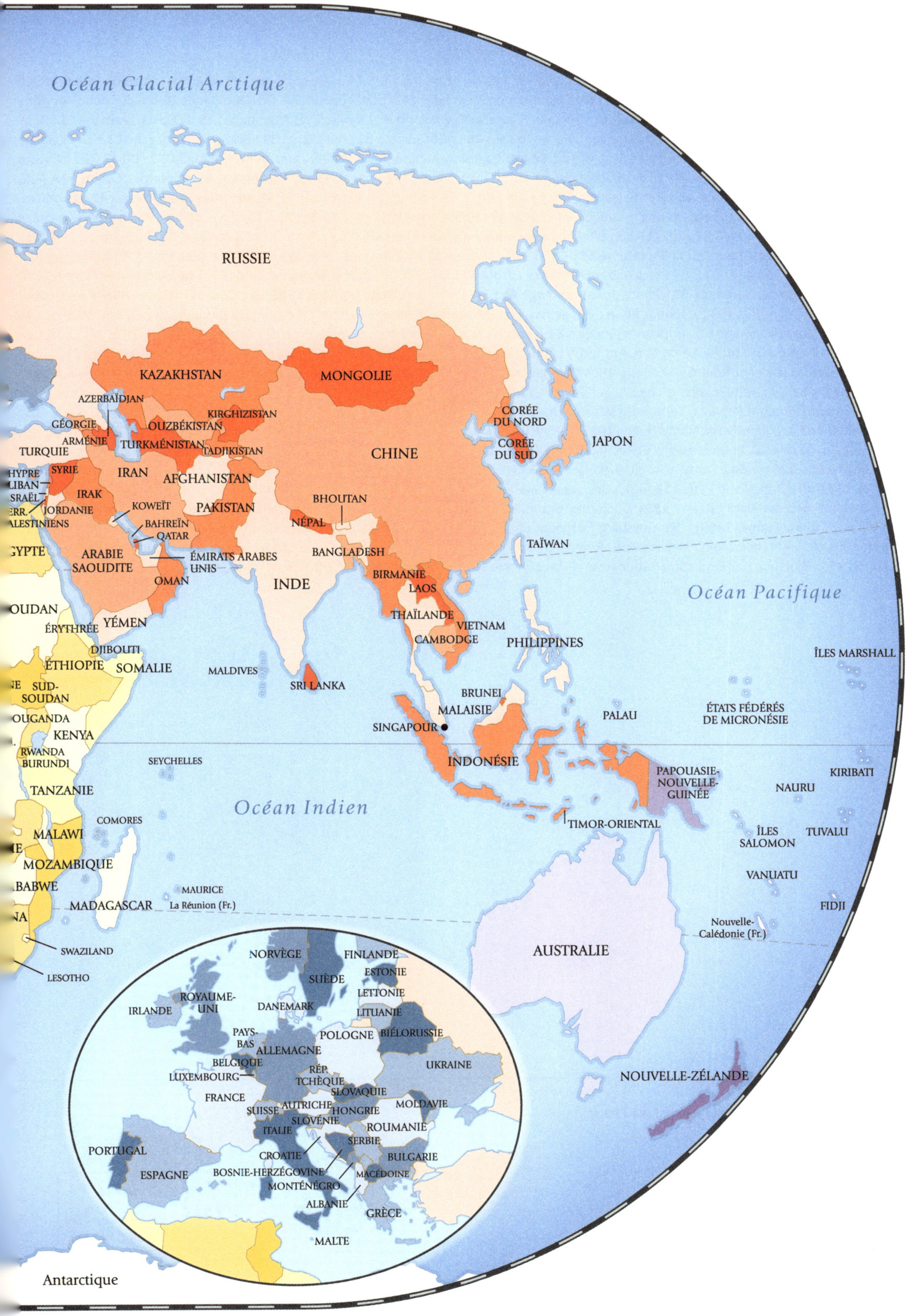
Océan Glacial Arctique
RUSSIE
KAZAKHSTAN
MONGOLIE
AZERBAÏDJAN
KIRGHIZISTAN
GÉORGIE
OUZBÉKISTAN
ARMÉNIE
TURKMÉNISTAN
TADJIKISTAN
TURQUIE
CHINE
CORÉE DU NORD
CORÉE DU SUD
JAPON
SYRIE
IRAN
AFGHANISTAN
IRAK
KOWEÏT
PAKISTAN
JORDANIE
BAHREÏN
QATAR
BHOUTAN
NÉPAL
ARABIE SAOUDITE
ÉMIRATS ARABES UNIS
BANGLADESH
TAÏWAN
OMAN
INDE
BIRMANIE
LAOS
Océan Pacifique
YÉMEN
ÉRYTHRÉE
THAÏLANDE
VIETNAM
CAMBODGE
PHILIPPINES
DJIBOUTI
ÉTHIOPIE
SOMALIE
MALDIVES
SRI LANKA
ÎLES MARSHALL
SUD-SOUDAN
BRUNEI
MALAISIE
PALAU
ÉTATS FÉDÉRÉS DE MICRONÉSIE
OUGANDA
SINGAPOUR
KENYA
RWANDA
BURUNDI
SEYCHELLES
INDONÉSIE
PAPOUASIE-NOUVELLE-GUINÉE
KIRIBATI
TANZANIE
NAURU
Océan Indien
COMORES
TIMOR-ORIENTAL
MALAWI
ÎLES SALOMON
TUVALU
MOZAMBIQUE
VANUATU
MAURICE
MADAGASCAR
La Réunion (Fr.)
FIDJI
Nouvelle-Calédonie (Fr.)
SWAZILAND
AUSTRALIE
LESOTHO
NORVÈGE
FINLANDE
ESTONIE
SUÈDE
LETTONIE
ROYAUME-UNI
IRLANDE
DANEMARK
LITUANIE
PAYS-BAS
POLOGNE
BIÉLORUSSIE
ALLEMAGNE
BELGIQUE
UKRAINE
LUXEMBOURG
RÉP. TCHÈQUE
SLOVAQUIE
NOUVELLE-ZÉLANDE
FRANCE
MOLDAVIE
SUISSE
AUTRICHE
HONGRIE
SLOVÉNIE
ROUMANIE
ITALIE
SERBIE
PORTUGAL
CROATIE
BULGARIE
ESPAGNE
BOSNIE-HERZÉGOVINE
MACÉDOINE
MONTÉNÉGRO
ALBANIE
GRÈCE
MALTE
Antarctique

CRÉDITS ICONOGRAPHIQUES

Couverture : © Deagostini/leemage ; Anucha Sirivisansuwan/Getty Images

12 : Leemage **13 :** Liu Liqun/Getty Images **14 hd :** Musée de la Marine, Lisbonne / BIS / Ph. Gianni Dagli Orti © Archives Larbor **14 bd :** North Wind Pictures/ Leemage / Bridgeman Images **18 :** BNF **19 :** Bridgeman images **20 h :** Collection Dagli Orti/Aurimages **20 b :** L.Y. Loirat/Keystone France/Gamma Rapho **21 :** DeAgostini Picture Library/Scala, Florence **23 g :** World History Archive/ Akg-images **23 d :** Costa/Leemage **25 :** Dagli Orti/ Aurimages **27 g :** Aisa/Leemage **27 d :** Granger Coll/ Aurimages **28 :** Adoc photos **30 :** Aurimages **32 :** Bridgeman Images **33 :** Aisa/Leemage **34 hd :** Musée National d'Histoire Américaine, Washington **34 bg :** Dagli Orti/Aurimages **36 :** Library and Archives Canada. **37 :** DR **37 :** Glasshouse/ Akg-images **38 :** Musée de Nantes **40 g :** Aisa/Leemage **40 d :** Science Source/Akg-images **41 g :** Akg-images **41 d :** Harper Collins/TAA/Aurimages **44 :** Photo Josse/Leemage **45 :** Joel Saget/Afp **46 hg :** BIS / Ph. J.L. Charmet © Archives Larbor **46 hd :** Bridgeman Images **46 bg :** ©Bianchetti/Leemage/ Bridgeman Images **47 mg :** Bridgeman Images **49 :** Photo Josse/Leemage **50 hg :** Aisa/Leemage **50 hd :** Photo Josse/Leemage **50 bg :** BIS / Ph. Scala © Archives Bordas **50 bd :** BIS / Ph. Jean Tarascon © Archives Larbor **51 :** Photo Josse/Leemage **52 :** Superstock/Coll Dagli Orti/Aurimages **53 :** Alain Robert/Sipa **54, reprise 55 :** BNF **57 h :** Leemage **57 b :** Bianchetti/Leemage **58 h :** Coll. Jean Vigne /Kharbine-Tapabor **58 b :** Photo Josse/Leemage **59 :** BIS / Ph. Jeanbor © Archives Larbor **60 :** BIS / Ph. Jeanbor © Archives Larbor **61 :** Photo Josse/Leemage (détail) **62 :** Musée d'Aquitaine, Bordeaux **63 :** Photo Josse/Leemage **65 :** BIS / Ph. Coll. Archives Nathan **66 hg :** Coll. JeanVigne /Kharbine-Tapabor **66 hd :** Coll.Jean-Vigne/Kharbine-Tapabor **66 m :** Bridgeman Images/Leemage **66 bg :** Explorer /Keystone/Gamma Rapho **66 bm :** Akg-images **66 bd :** Photo Josse/Leemage **67 :** Bridgeman Images **68 h :** Archives Nathan **68 b :** Tallandier/Rue des Archives **69 :** BNF **70 h, b :** Collection Christophel © Archipel 35 / StudioCanal **71 h, hm,bm,b :** Collection Christophel © Archipel 35 / StudioCanal **72 :** Photo Josse/Leemage **73 :** Photo Josse/Leemage **76 :** Mucem/Rmn-Gp **77 :** Fédération Compagnonnique **79 :** Roger-Viollet **80 :** Lyon, Musée Gadagne **81 h :** Lyon, Musée Gadagne **81 bg, bm :** DR **81 bd :** Getty Images **82 hg :** Roger-Viollet **82 hd :** Union Compagnonnique de Paris **83 :** Leemage **84 :** Fédération Compagnonnique **86 :** Mauro Pimentel/Afp **87 :** Pierre Verdy/Afp **89 :** Unesco **93 :** Roslan Rahman/Afp **94 :** Ding Ting/Xinhua-Rea **95 :** Port Anvers **104 :** DR 106 : Carlos Latuff **107 :** William Berry/Alamy/Hemis **108 h :** JR.ART.NET/Magnum Photos **108 b :** Duvard / Andia.fr **109 :** JR.ART.NET/Magnum Photos **114 :** Stringer/Reuters **115 :** Directphoto Collection/Alamy/Hemis **123 :** DR **125 h :** Jesus Blasco De Avellaneda/Reuters **125 b :** Wolfgang Winter/Alamy/Hemis **126 :** Viday Sesay/Anadolu Agency/Afp **131 :** Libération **132 (hg) :** StockdelD/Shutterstock **132 (hm) :** 29september/Shutterstock **132 (hd) :** Disneyland Paris **132 (bg) :** Derryck A Dillon/Alamy/Hemis **132 (bm) :** Dordogne **132 (bd) :** Jerome Labouyrie/Shutterstock **134 :** Bernard Roussel/Alamy/Hemis **135 :** Guillermo Granja/Reuters **136 :** Sunshine Pics/Alamy/Hemis **137 :** DR **138 hg, hd :** Saplaya/DR **138 b :** Vitalii Ionov/Alamy/ **140 h :** Jim Goldberg /Magnum Photos **140 b :** Alamy > Wenn **141 :** Jim Goldberg/Magnum Photos **147 :** BIS / Ph. Jeanbor © Archives Larbor **148 h :** Ministère de l'Education Nationale, Jeunesse et Vie Associative **148 b :** Igor Bonnet/PhotoPqr/Ouest France / Maxpppp **149 :** Ministère de l'Education Nationale et de la Jeunesse **151 :** Dessin de Kak pour L'Opinion (France)

© Nathan 2020 – 92, avenue de France, 75013 Paris
ISBN : 978-2-09-167117-8

Coordination éditoriale : Karine Le Forestier
Assistante d'édition : Juline Brasset
Conception graphique : Delitgraph
Mise en page : Delitgraph
Cartes et schémas : Légendes Cartographie
Iconographie : Katia Davidoff
Couverture : Séverine Tanguy
Fabrication : Christine Aubert

IMPRIM'VERT – Votre imprimeur agit pour l'environnement

MIXTE – Papier issu de sources responsables – FSC® C022030 – www.fsc.org

N° projet : 10261846 - Dépôt légal : Avril 2020
Achevé d'imprimer en Italie par L.E.G.O. S.p. A., Lavis (TN)